殷登國——著

中國古代春宮祕戲圖講

風

自序

出版了這樣一部大書，當然該說幾句話。

當初是藝術圖書公司何恭上先生約寫這樣一部書，談好了怎樣編印行銷，後來因故沒有合作成，但我還是執意寫完了二十五講的《中國古代春宮祕戲圖講》，後來陸續在《第一手報導》雙周刊上發表，在此鄭重答謝該雜誌的主編連啟東先生。

推動我寫這樣一部書的原因只有三個字「不服氣」。看日人福田和彥《中國春宮畫》、看《春夢遺葉》或《樂園》等洋人編印的中國春宮畫冊，看他們對中國春宮畫一知半解，連作品的年代都搞不清，繪畫的內容都搞不懂就如此膽大妄為地出書了——書印得如此精美、定價定得如此昂貴，而且居然如此暢銷大賣，我就不服氣。

秀威編輯辛秉學先生要我寫一篇「導讀」，其實每一講把介紹的每一幅畫都已經講得清清楚楚、明明白白了，再無贅言之必要。看完本書，你一定對中國春宮畫史、對中國春宮畫有一個清楚的認識，至少要比福田和彥或《春夢遺葉》一書的編輯諸公高明，我寫這本書，也就不算白費功夫了。

我是台大歷史研究所藝術史組畢業的，年輕時就喜歡蒐集研究中國春宮畫；承蒙許多師友關愛，提供許多圖文資料，如今完成這樣一部書，也算對他們的期待提攜有一個交代，可以無愧。生也有涯，學海無涯，本書只是一塊墊腳石，方便後人對中國春宮畫有更深刻的了解，也期許能糾正傳統中國人對春宮畫一貫抱持的晦淫的錯誤觀念。

我還想寫一部「中國色情版畫史」，可惜手邊相關資料有限，光是晚明那十幾種套印色情版畫圖冊，我就看得不多、看得不全；多年前台灣出過一部明人鄴華生撰的《素娥篇》，講述唐人武三思與侍妾素娥的性愛故事，全書四十三章，半圖半文，介紹了四十三種性愛姿勢，我也無緣獲得。資訊閉塞，便無從研究起，就留給別人去研究吧。

感謝朱瑞徵兄提供部分圖片資料，使本書內容更為完備。

是為序。

二〇一六年五月二十日
殷登國序於新店客寓

目錄

第一講 〈元人四季行樂圖〉

中國春宮畫雖然歷史悠久，可是傳世最早的作品只能上溯到六百多年前的元朝末年，一共有四幅，稱作〈元人四季行樂圖〉。

這四張一組的作品原本是畫在油紙上，從一盞油紙燈籠上揭下來的，描寫當時達官貴人四時行樂的情景。元朝權貴家連燈籠都如此香豔綺靡，日常生活的奢華淫亂也就不問可知。

史書記載元朝最後一位皇帝（元順帝）卻特妥懽帖睦爾（西元一三二〇至一三七〇年在位），拜喇嘛僧伽璘真為國師，研習「演揲兒」祕密法，也就是房中術，還特地下旨廣徵民間十五歲到二十歲之間的處女，送入宮中供其修法淫樂。所謂「上有好者，下必甚焉」，權貴家把春宮畫到燈籠上，也就不足為奇了。

〈元人四季行樂圖・春景、夏景、秋景、冬景〉（由右至左）。

這盞春情盎然的燈籠有幸保存至今，大約在民國早年時被古董販子賣給了法國巴黎的收藏家查理哈同（Charles Ratton）和杜勃克（Dubosc）兩人。兩人各擁有兩張，杜勃克得到的是冬景和春景，哈同則為夏景和秋景。

這四張春畫中的男子容貌斯文，長相也似漢人，女子又均纏足，可見是描繪漢人貴冑之家的閨中秘事。中國自宋朝時逐漸流行纏足，到元朝時，漢族女子幾乎全都纏足，要與入主中原的韃靼人作區分，即嚴夷夏之防，〈元人四季行樂圖〉中的女子均纏足，是目前所知傳世最早、最明確的纏足圖像，具有極珍貴的史料價值。

收藏最多繡花鞋及纏足文物、對纏足歷史研究最深的吾友柯基生博士，在其《千載金蓮風華》一書中，說南宋佚名畫家描繪鍾馗斬魔除妖的〈搜山圖〉裡，倉皇逃竄的婦人（女妖精）「雙足不但畫得纖小，鞋頭還帶有明顯的彎勢」，但〈搜山圖〉中女性的腳也只是比男子略小而已，看不出「纏」的痕跡。〈元人四季行樂圖〉中的女子，則把小腳纏得只有男子的三分之一，還將小腿部位用紫色布帶紮上管狀的布套子（稱「藕覆」或「膝褲」），用來遮飾腳背凸出狀如鵝頭的纏足缺點和三寸繡花鞋的鞋

帶、鞋提跟等較不搶眼媚人的部位，這就是千真萬確的纏足圖證了。

這四幅珍貴的祕戲圖是誰畫的？畫家的名字可以考證出來嗎？

根據文獻記載，在元朝末年時的春宮畫家只有一人，那就是兼擅畫人馬、山水的趙孟頫。晚明天啟四年（西元一六二三年），五色套印的木刻版畫春宮冊頁〈鴛鴦秘譜〉（一名〈錦春圖〉），共三十圖，上海某私人收藏），前有〈小引〉說：「易曰：男女構精，萬物化生，至哉斯言也。奈何世人不能懲欲，竟以此為歡娛之地，而使生我之門，為死我之戶。噫！趙翰林為十二釵，暨六如六奇、十洲十榮等圖（祕戲圖），其亦欲挽末流之溺耶……。」

引文中的趙翰林就是曾任翰林學子的趙孟頫，把他和唐伯虎（號「六如居士」）、仇英（號「十洲」）等明中葉春畫高手並列，可知「十二釵」、「六奇」、「十榮」全都是春宮畫了。

〈元人四季行樂圖〉有沒有可能是趙孟頫畫的？甚或是趙孟頫描繪他自己與妻子管道昇（也是著名的女畫家），兩人在家中的恩愛光景呢？香港藝人陳冠希不也喜歡把他自己和許多名女人做愛的光景拍照留念嗎？四圖中的男主角有三張都頭戴唐宋式巾裹（一稱「元式唐巾」，表示為文人或高官），尤其在夏景中還身穿繡禽官袍，都與趙孟頫的身分十分吻合。

果真如此，再看看這四張春宮圖，可就讓人忍不住浮想聯翩了。

可惜傳世的趙孟頫人物畫很少，像〈秋郊飲馬圖〉、〈幼輿丘壑圖〉（晉人謝鯤的故事）、〈百尺梧桐軒圖〉中的人物，都只是山水的配角，畫得很小，不足以拿來和〈元人四季行樂圖〉作對比研究，在二〇〇八年五月二十六日香港佳士得舉行中國藝品春拍，包括張學良舊藏元人張渥臨趙孟頫〈飲中八仙圖〉（畫李白、張旭等八位嗜酒文人），惜無緣一睹以資比較其人物畫風。

可是就算比較結果，〈元人四季行樂圖〉中的人物畫風格與趙孟頫一致，似乎也不可能真的是趙孟頫的真蹟，要那麼一位大畫家把畫作畫到油紙燈籠上面去，太廉價了，不可能。

更重要的是這四張祕戲圖的年代推斷為元朝末年，也

▎南宋佚名畫家〈搜山圖〉中的女妖（狐精）腳雖小，似仍未纏。

就是西元一三六〇年至一三七〇年間，而趙孟頫是南宋宗室，宋亡後入仕元朝，他在西元一三二二年就去世了，畫作和畫家的年代兜不攏。

這四張春畫應該只是元朝末年一位無名的畫匠，接到某位權貴的訂單，繪製了一批「祕戲燈籠」裡的一盞，有幸保存到今天。儘管出自一位民間畫匠，作品卻畫得相當精緻，稍帶稚拙板硬的線條，洋溢著質樸而生動的趣味，和宋朝人物畫的精緻纖麗、明朝人物畫的華美細巧都不相同，它只能放在粗獷的元朝。

但是，畫匠繪圖都有「粉本」，據以描繪複製，這四張祕戲圖會不會是根據當時流傳的趙孟頫真蹟〈夫妻行樂圖〉臨摹而成的呢？

當然有此可能。

以下就是這套〈元人四季行樂圖〉的個別介紹。

一、〈春景〉

頭戴唐宋巾裹、足登皂鞋的男子，一絲不掛地與一纏足婦女在室內織錦地毯上做愛，女子脫得只剩下棗紅肚兜，與三寸金蓮米色藕覆的寬邊下緣一色，顯示穿著的考究，加上頭飾和手鐲，都暗示女子是有錢的貴婦。

值得注意的是地毯中央的那條月經布，古稱「騎馬布」，說明該女子正當月事，而男子卻興不可遏，硬要做愛，把傳統「月事中不可行房」的禁忌拋在一邊，不嫌骯髒也不嫌晦氣。

女子雙腿高舉，雙手緊摟著男子，也證明了現代醫學的理論：「月經期間女子的性慾最旺盛」。此圖讓人想起明朝時傳唱於蘇州的一首山歌〈身上來〉：

年當晦，月當災，
撞著子（了）情郎正遇巧身上來，
郎做子巡檢司門前箇朱紅棍，
姐作子池裡鮮魚穿了鰓。

第三句形容男子性具為經血染紅，四句「腮」諧音「塞」，說性具塞入後，牝戶如鮮魚之鰓一般血紅。

春景中之男女在將入未入之際，入港後即將如此歌三、四句所形容之情景了。

二、〈夏景〉

同樣的男女交歡，「妖精打架」的大舞台卻從室內移到了室外，來到花園荷池邊的涼庭前。池中紅荷盛開，點明了時序已到陰曆六、七月。頭裹軟巾、身穿緋紅（朱色）官袍的男子盤腿坐在庭前鋪的一張地毯上，擁著穿了件紫袍的纏足女子上身做愛。

女子左腿任男子抬起，右腿蹬地，使力晃動屁股，兩手還緊摟著男子，十分投入。男子忽然在她耳邊說了什麼，女子這才側臉往池中望去。他說：「池中有對鴛鴦也跟我們一樣在做愛呢！妳看。」

畫中故事讓人想起五代王仁裕《開元天寶遺事》中唐玄宗與楊貴妃的一段豔史〈被底鴛鴦〉：「五月五日，明皇避暑遊興慶池，與妃子（楊貴妃）晝寢於水殿中。宮嬪輩憑欄倚檻，爭看雌雄二鸂鶒戲於水中。帝時擁貴妃於綃帳內，謂宮嬪曰：『爾等愛水中鸂鶒，爭如我被底鴛鴦？』」

三、〈秋景〉

一樣的園林，時序已來到秋天，太湖石畔的葡萄架上已綠葉蓁蓁，結實纍纍。一絲不掛的男子伸腿坐在虎皮地毯上，摟抱只繫著紫色肚兜的纏足女子跨坐上身，交歡之式正如西番喇嘛國師伽璘真教導元順帝「演揲兒」秘法的第九式「鶴交勢」。

所謂的「鶴交勢」就是漢人《素女經》中的「九法」之九「鶴交頸」。

素女經說：「第九曰『鶴交頸』，男正箕坐，女跨其股，手抱男頸，內玉莖，刺麥齒（陰道兩寸深），務中其實（指穀實，陰道五寸深），男抱女尻（屁股），助其搖舉，女自感快，精液流溢……。」

鶴交頸的方法說明使本圖不再只是靜靜的男女互摟，原來女子正暗自吞吐，讓男陽往來於陰道兩寸至五寸之間呢！

四、〈冬景〉

天氣轉涼變冷，男女歡愛便又回到屋中，和春景一樣的四方形大理石拼花地板，春景的敦倫是在屏風前的地毯上，冬景則改為床帳前的矮榻上。男子只著唐宋式巾裹，全身一絲不掛地坐在矮榻上，雙手支撐著略略後仰的上身，以靜制動地任憑身穿棗紅色短袖圓領對襟棉襖的纏足婦人，跨坐在自己身上搖晃。四圖中有三圖都是女子採取主動，此間含意大可玩味。

此情此景，讓人想起元人一首小令，題作〈盡情歡〉：

自厭歡情草草，翻身跨坐郎前，
玉腕撐繡枕，牝戶玉麈緊相連；
顛摩顛，顛摩顛。
搖曳花心不倦，倒溜清泉一線，
好個柳腰，前後搖晃不知休；
羞摩羞，羞摩羞。

管夫人
松雪集管夫人道昇字仲姬延祐四年封魏國夫人
翰墨詞章尤工寫竹不學而能心信佛法書金剛經
至數十卷以施名山寺僧天子命夫人書千字文敕玉
工磨玉軸送秘書監裝池收藏又命孟頫書六體為
六卷管亦書一卷曰令後世知吾朝有善書婦人且
一家皆能書亦奇事也
吳友如
清人吳友如畫趙孟頫與管道昇夫妻伉儷情深。

第二講 明中葉唐伯虎的春畫

明朝唐伯虎（？）畫〈蕉蔭坐蕉圖〉。

我在《春夢遺葉》（*Dreams Of Spring*）一書中，看到荷蘭收藏家費迪南・伯索雷（Ferdinand M. Bertholet）所藏的三幀明朝中葉春畫。書上介紹說這是一個十二開冊頁當中的三幅，畫在絹上，原畫寬三十二公分、高二十七公分，沒有判定繪畫年代。

這三幀春畫我猜想大約畫於明朝中葉，可能是唐伯虎的真蹟；唐伯虎生於西元一四七〇年，卒於一五二三年，如果是唐伯虎的原畫，那就是明武宗正德年間的作品（西元一五〇六至一五二一年）；如果是一個摹本，那也是依據原畫的最早的一個摹本，繪於明世宗嘉靖初年（西元一五二二至一五三〇年），因為沒有見到原畫，只能從繪畫風格去推斷，其他如紙張絹本的新舊、收藏印的研究都無從下手了，這種判斷是可能有些誤差的。

這個冊頁相當珍貴重要。一是它年代相當古老，僅次於〈元人四季行樂圖〉，至今有將近五百年的歷史；二是它畫得典雅精麗，比〈元人四季行樂圖〉高明多了，就像一個是師傅畫的，一個是徒弟畫的，差別就有那麼大；三是它成為後世春宮畫的典範，晚明和清朝許多春畫的構圖，幾乎全抄自此冊頁，也就是一再出現這個冊頁的摹本。

是否真是唐伯虎的真蹟或最早唐伯虎原畫摹本，我並沒有百分之百的把握，但也八九不離十；因為唐伯虎正是十六世紀初中國最有名的春宮畫家，從這三幅畫的繪畫技巧來看，也夠資格列為明中葉一流大師的作品。

唐伯虎的春畫真蹟傳世甚稀，有些畫上署名「唐伯虎畫」或「唐寅畫」，十張有九張是假的，剩下的那一張也不可能真，因為繪畫技巧太拙劣了，給唐伯虎提鞋都不配。唯一可以比對的是依據唐伯虎原畫所刻的套色木刻版畫〈風流絕暢〉圖冊。

〈風流絕暢〉共二十四幅，以黑、藍、紅、綠、黃五色套印，據說是照著唐伯虎的〈競春圖卷〉春宮臨摹而成的，刻工是徽派名家黃一明，刊行於明神宗萬曆三十四年（西元一六〇六年）。

據此畫冊的引言〈風流絕暢圖引〉說：「不佞非登徒子流，何敢語好色事？丙午（萬曆三十四年）春，讀書萬花樓中，雲間（今江蘇松江縣）友人持唐伯虎先生〈競春圖卷〉來，把弄無倦。…因覓名繪手臨之，仍廣為二十四勢，中原詞人墨客，爭相詠次於左，易其名曰『風流絕暢』，付之美（黃一明字）」剞劂……。」

〈風流絕暢〉既是摹仿唐伯虎畫〈競春圖卷〉繪刻而成，那版畫中的男女人物造型、衣飾陳設都可以當作是唐伯虎春畫風格典範，再參考唐伯虎傳世的仕女畫如〈孟宮蜀妓圖〉、〈班姬團扇圖〉等畫作，就約略可以得到一個唐伯虎人物春畫風格的印象，拿來和費迪南・伯索雷所收藏的這個十二開絹本冊頁作對比研究，看是不是明朝中葉唐伯虎的真蹟了。

可惜，〈風流絕暢〉套色版畫至今只有上海某私人收藏了一個初刻本，已重裱成橫軸手卷，且秘而不宣。另外在日本東京的Shibui Kiyoshi也藏了一個殘本，至今也只在荷蘭高羅佩《祕戲圖考》一書中看到二十四圖中的兩圖而已，如果費迪南收藏的此一十二開冊頁全部曝光，〈風流絕暢〉的二十四圖也全部公開，兩者的比較就能做得精確些，這是有待異日的工作。

單就現在我能看到的這兩張套色木刻版畫和三幀絹本春畫來做比較，它們之間也有若干相似之處，比如男女的髮型、衣裙的柔軟線條、家具器物的精緻華麗等等，尤其

明刊〈風流絕暢〉套色版畫摹仿唐伯虎的春畫而成，人物造型有唐伯虎風格。

是人物造型，兩者同樣予人豐潤肉感的印象，也是彼此一致的，這就是我個人對唐伯虎春宮畫的主觀印象，它與仇十洲的嚴肅板直畫風迥然不同。

但是，我還是不敢確定這套十二開的明中葉春畫真的就是唐伯虎的真蹟。

這三幀絹本春畫，我分別取名為〈秉燭捫燭圖〉、〈竹榻龍翻圖〉和〈蕉蔭坐蕉圖〉，以下就是這三幅圖的個別介紹。

一、〈秉燭捫燭圖〉

描繪豪門權貴家的綺旎春宵。男主人與妻子酒足飯飽後淫心大動，在餐桌旁就摟抱親吻，互脫衣衫，最後還是覺得床上好辦事，於是丫環秉燭在前照明（還一手持扇遮風，以免燭火熄滅），全裸的男子心不在焉地右手搭著丫環的肩膀由她引路，左手忙著回探妻子私處，像片刻也等不及似的，性具翹得高高的。半醉的妻子踉蹌地倚在丈夫肩背上，左手扶搭著丈夫，右手也往前探捫丈夫的那根「肉燭」，連走回臥房再摸都等不及了。在前引路的小丫頭也色瞇瞇地回首偷瞄男主人的那話兒，畫家巧妙地用彼此的眼神把三人組合成一體，暗示待會兒的3P好戲就將要登場。

此圖中紗扇、紗裙的表現十分傳神，扇後的燭火、裙中的肉體若隱若現，人體比例掌握精確，不愧是大家手筆。

二、〈竹榻龍翻圖〉

男女主角在精緻華麗的湘妃竹榻薄紗帳裡做愛，玩的是女仰男俯的傳統姿勢，在《素女經》中稱為「龍翻」。女子在男人的重壓狠搗下備覺歡暢，忍不住雙手雙腳都盤繞到男人的肩背上了。床前擺的是男主角脫下的鞋子，孤零零的一雙男鞋、一雙華貴考究的織錦雲紋鑲邊朱履，醒目而孤單。

在一般春畫中，男女若在床上敦倫，床下常畫男鞋女鞋各一雙，以示作伴。這種情景讓人想起古人的一首〈慰腳詩〉：「春闈期近，望帝都如在天際。惱恨這一雙腳底，一日廝趕上五、六十里，一路兒扶持我去，博得一官歸。那時與你穿對方靴，安排你在轎裡；更用香湯薰洗，選一雙小弓鞋，夜間伴你。」

顯然這雙朱履便鞋的男主人早已金榜題名，功成名就，為什麼到夜間沒有選一雙小弓鞋作伴呢？原來仰躺的女子腳上穿的是軟底睡鞋，不用脫下就直接上床，要增添雲雨時的情趣，因此只好讓那雙男鞋在床前獨自孤單了。

三、〈蕉蔭坐蕉圖〉

權貴富豪家的花園裡，避暑的男主人在芭蕉樹蔭下鋪設華麗的涼席，一絲不掛地仰躺其上，雙手抱頸、肩靠方枕，正饒有興味地盯看也是一絲不掛的女子，往自己勃起的陽具跨坐下去，脫下的衣衫、取涼的方扇被任意棄置一旁，兩人注目的焦點全放在那凹凸湊合的關鍵所在，準備好好幹一場「白晝宣淫」的大戲。

女子背對仰躺的男子，往男子性具跨坐的性姿勢，在《素女經》中稱為「兔吮毫」。「素女九法」說：「兔吮毫，男正仰臥，直伸腳，跨其上，膝在外邊，女背頭向足，據席俛（低）頭，乃內玉莖，刺其琴弦（陰道一寸深之處）⋯⋯。」也就是民間俗稱的「張果老倒騎驢」之式。

這個姿勢讓男人無法看到歡快的女子臉上騷媚的表情變化，有什麼意思呢？不然，女人肥白如團玉的屁股，才是一身最性感迷人之處，這個姿勢正可以讓男人好好欣賞這兩團肉凍在擺蕩時無限的春情啊。

清初人袁子才在《子不語》一書上說：「男子之美在前，女子之美在後；男人美在勢，女人美在臀」；又說女臀是「白玉錦團」、男勢為「紅霞仙杵」（卷二十一〈蔡京後身〉），真是先獲我心。

值得注意的是兩人身下的那張華貴珍奇的涼蓆，一面似斜方紋編竹，一面呈赭紅色，鋪放在一張獸皮地氈上，取其柔軟，可以更舒服的躺在上頭，又兼取竹蓆之涼爽。明人陳繼儒《銷夏錄》卷一說，北宋大儒歐陽修家藏蘄州笛竹編織成的雙冰紋竹蓆，「瑩淨冷滑無埃塵」，或即此也。

明朝唐伯虎（？）畫〈秉燭捫燭圖〉。

明朝唐伯虎（？）畫〈竹榻龍翻圖〉。

第三講
仿仇英的〈園林春色〉圖卷

仿仇英〈園林春色．歡飲〉。

在《雲雨》（*Chinese Erotic Art*）一書（Tuttle公司一九六九年出版）中，刊載了一個十六世紀早期仿仇英的絹本春畫手卷〈園林春色〉圖，收藏家為法國巴黎的路易・巴泰（Louis Bataille），書上刊載了四圖，兩張彩色，兩張黑白。

仇英字實父，號十洲，祖籍江蘇太倉，後移居蘇州，他原是個平凡的油漆工人，沒有讀過什麼書，卻因喜歡繪畫，努力苦學，臨摹古代名家作品，山水林木和人物都十分擅長，所以他的人物畫對背景的描繪也非常講究，像〈漢宮春曉圖〉，畫上的人物比較小，成了宮殿園林的點綴，不像一般的春宮圖，人物是畫面的主題。路易・巴泰收藏的這個〈園林春色〉圖卷也有此一特徵，因為人物畫得較小，自然不夠細緻了。

仇英的生卒年約為西元一四九四至一五五二年，比起唐伯虎晚約三十年，這個〈園林春色〉手卷的繪畫技巧並不高明，如果考定年代屬實，的確是十六世紀早期，那畫家所仿的仇英原作也是他早年不成熟的作品，像法國人路西恩・畢登（Lucien Biton）藏〈燕寢怡情〉圖冊（二十四開），繪畫技巧可要比這個〈園林春色〉圖卷高明多了，考訂的年代就放在仇英晚年約一五五〇年左右。仇英傳世的佳作，年代都集中在一五四〇至一五五〇年之間，快到十六世紀中葉了。

嚴格說起來，這個十六世紀早期仿仇英的春宮手卷，在中國春宮畫史上的重要性只在於年代久遠，若論繪畫技巧，那是遠遠比不上〈燕寢怡情〉圖冊的。〈燕寢怡情〉圖冊原藏北平故宮，大約在民國初年被退位後仍居住紫禁城的遜位皇帝溥儀，藉賞識給他兄弟溥傑的手法，偷運出宮而流落民間，被古董販子賣給荷蘭駐日大使高羅佩。

一九六七年九月高羅佩逝世後，〈燕寢怡情〉圖冊又轉入路西恩・畢登之手，這個二十四圖的冊頁很足以代表仇英的畫風，可惜我只看到部分印刷不是很好的黑白圖片，無法在此作詳細的比較研究，只能捨彼而選此，先介紹仇英子早期的絹本春宮手卷〈園林春色〉。

仇英和唐伯虎齊名，在中國春宮畫史上佔有重要之地位，對後世春畫有很大的影響，在本書第七講〈清雍正年間仿仇英〈閨中樂事〉圖冊〉和第十講〈清乾隆中葉仿仇英絹本《金瓶梅》插畫〉，都可見仇英對後世春宮畫家之持續影響力。

以下是〈園林春色〉圖卷之作品介紹。

明人仇英〈燕寢怡情〉圖冊之〈早春簪花〉。

明人仇英〈燕寢怡情〉圖冊之〈晚秋賞菊〉。

一、〈歡飲〉

手卷中的一景，描繪男主人與三名姬妾在樓閣中的床榻上飲酒作樂的情景。酒壺與佐酒的果盤散放兩邊，三個妙齡女子正簇擁著丈夫頻頻勸飲，諺云：「酒是色媒人」，她們的居心不問可知。

二、〈野合〉

頭戴幞巾的男子與一婦人在花園的太湖石邊野合，因為情急不暇擇地，男子只好抱起嬌小的女人背倚崎嶇的太湖石匆匆性交，連衣服也來不及脫去。為了避免身子滑落，婦人只好用腿夾住男人的腰間，兩手也緊摟著他的肩頸，裙襬滑褪而裸露的白皙雙腿和三寸金蓮，成了本圖最誘人的焦點。

仿仇英〈園林春色・野合〉。

三、〈回眸〉

園林寢殿的迴廊邊，頭戴幞巾、身穿長袍的男主人，忽然對走過身邊的俏丫環起了淫念，一把拉住她就按在欄干上，連她的衣服也來不及脫，撩起裙子，就像公狗肏母狗似地從後面上了。

俏丫環回首凝望，問主人說：「待會兒主母知道了，怎麼辦？」男子不停地聳動屁股，豪氣萬千地說：「不怕，有我作主呢！」

四、〈投懷〉

男女兩人脫得一絲不掛，好整以暇地在寢殿交歡。男子背朝外坐在窗檯邊，擁著投懷送抱的婦女，和前面幾張圖一樣，依舊看不清性具交合的情景，只強調女子誘人的三寸金蓮。人物線條的樣板草率，在本圖中尤其明顯，說明本圖卷只是仇英早年畫作的仿本。

仿仇英〈園林春色・回眸〉。

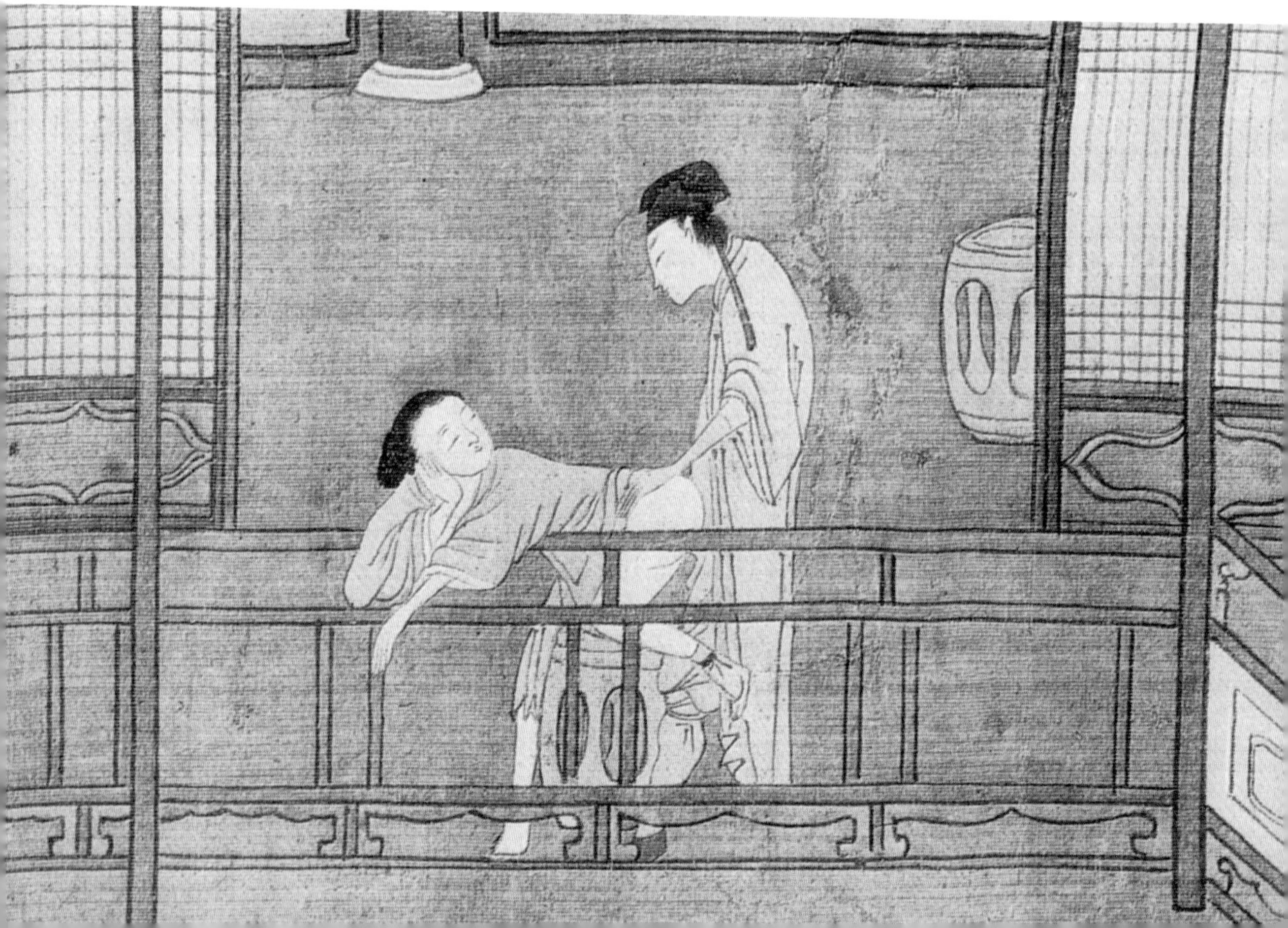

仿仇英〈園林春色・投懷〉。

第四講
晚明崇禎年間春畫〈剃毛圖〉

這張精彩別緻的春畫〈剃毛圖〉刊載於《春夢遺葉》（*Dreams of Spring*）一書的第三十頁，收藏者為荷蘭人費迪南・伯索雷（Ferdinand M .Bertholet）。此圖無論在人物構圖、繪畫技巧或主題表達上均屬上乘，是中國春宮繪畫史上罕見之佳作，因此雖然只見到一圖，仍特闢一章來專述。

分屬不同種族　四人淫戲剃毛

在原著的解說中，本圖和第三十、第三十一頁上的兩圖（一男一女的〈春榻〉和一男兩女的〈助興〉，見本文附圖），被歸納為同一組作品，繪於絹上，描繪青樓妓院

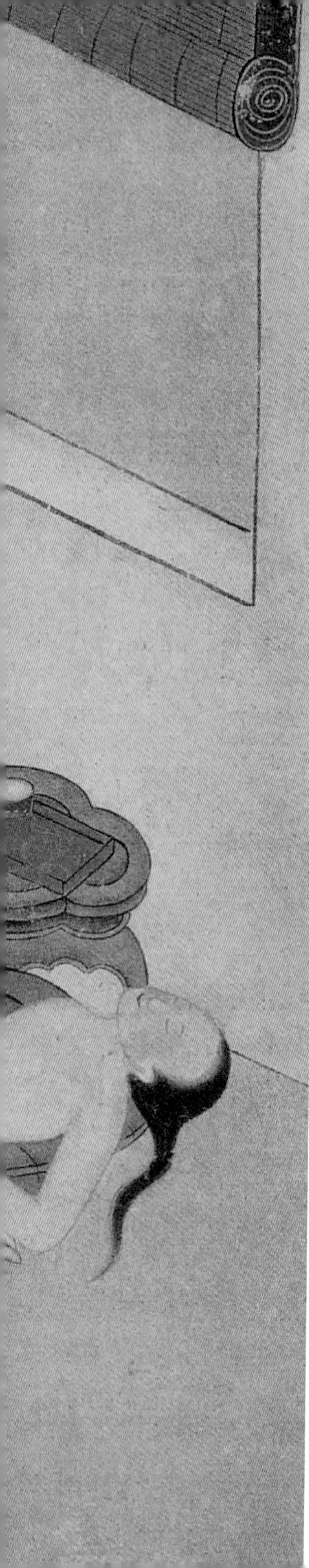

晚明崇禎年間佚名畫家〈剃毛圖〉。

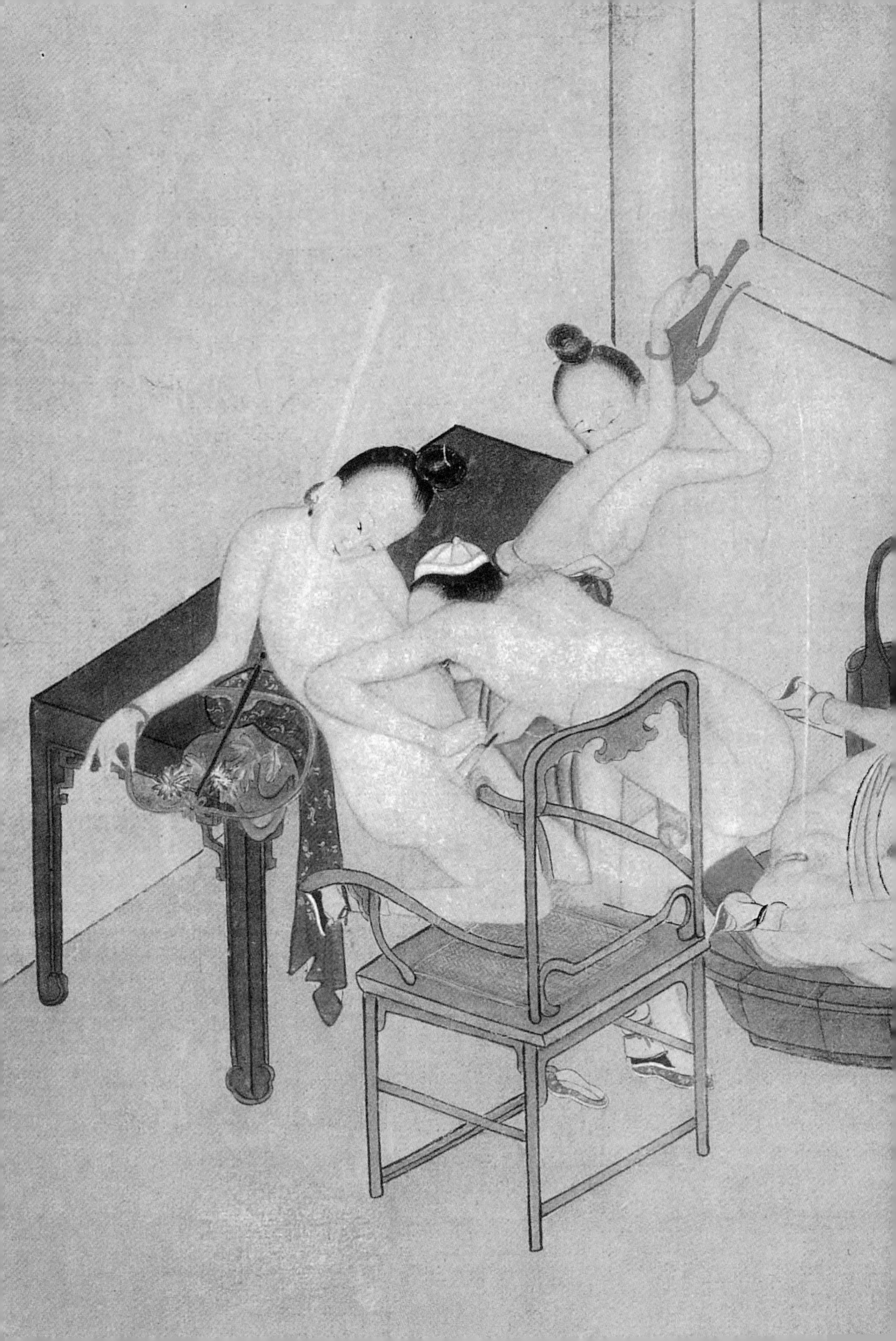

的香豔情景，畫面尺寸為二十九公分乘二十七公分，但是我認為這樣的解讀是有誤的：

第一，〈剃毛圖〉是紙本，而另外兩幅是絹本。

第二，兩者在人物造型上截然不同。原著未標明這些春畫的年代，我以為〈剃毛圖〉是晚明崇禎年間（約一六三〇至一六四〇年）的作品，而另外兩圖較晚，是清朝乾隆早期（約一七四〇年左右）的作品，兩者相差了約一百年。

第三，這兩組作品都不是表達嫖客在青樓中與妓女尋歡的場面，而應該是某達官貴人在自家與妻妾之間的風流韻事。青樓中的妓女不會姐妹一起侍候嫖客的，這種「不知廉恥」的遊戲，只有「良家婦女」幹得出來，她們「青樓中人」是不屑為之的。

在青樓中，嫖客與某一妓相好。其他妓女都尊稱此嫖客為「姐夫」，一定保持距離敬而遠之，絕不會再私下裡與「姐夫」亂倫，更不可能幾個妓女聯合起來一起跟某個嫖客亂搞。

第四，這兩組作品的人物分屬於不同種族，〈剃毛圖〉描繪的是回族權貴人家的故事（理由見下文），另外兩圖則是漢族富豪家的光景，說它們是同一組作品有些牽強。

基於以上種種原因，《春夢遺葉》原本說是同一冊頁的「春榻」和「助興」兩圖，在本章中我將之捨棄了，只專門探討〈剃毛圖〉。

〈剃毛圖〉是一男三女的４Ｐ淫戲，在古時候稱作「朋淫」或「嬲戲」。畫中四人分成兩組，一組是一個女子全裸仰躺在浴盆中洗澡，屁股靠在斜放的坐板上，兩腿大張，任由一個半裸女子（可能是丫環）高舉湯瓶往她牝戶傾倒熱水，以水柱的衝擊力產生刺激的快感自慰。另一組中的全裸女子，以牝戶夾搗坐椅的圓柱把手自慰取樂，一邊低頭看全裸男子持剃刀替自己剃除陰毛，兩組人物以手舉湯瓶女子的偏頭觀看男子剃毛產生呼應效果，讓「朋淫」的畫面緊湊，在構圖上可謂煞費苦心。

偏頭觀看剃毛　朋淫畫面緊湊

手持剃刀的男子可能是兩個自慰婦女的丈夫，但更可能只是她們家中的男傭而已，如果原畫的畫家用意如此，那畫面的刺激效果就更強烈了，可以解讀成丈夫不在家的乾隆早期絹本春畫〈春榻〉。

乾隆早期絹本春畫〈助興〉。

兩個貴婦，在臥房中自慰時，丫環和她的男友傭人齊來助興，一個舉湯瓶傾水柱，一個舉剃刀刮陰毛。本圖真是匪夷所思，讓人想起東漢時京兆尹張敞對漢宣帝說的：「閨門之內，夫婦之私，有過於畫眉者。」

這幅作品中的家具陳設，無論大小都畫得一絲不苟，像剃毛婦人所倚靠的黃花梨直腿內翻馬蹄平頭案，畫面正中央的楠木上漆藤心座面矮靠背扶手椅、檜木圓浴盆、浴盆後方的紫檀木束腰四開光海棠式杌、杌旁的紅漆提梁水桶等等，都準確得可以放入《明式家具》書中作圖例。

海棠式杌上放著方盤，盤上放著藍色圓碗，碗裡盛著沐浴用的香料，像這些細節，畫家也不放過。平頭案一角上的透明圓紗扇尤其畫得細緻，用顏色的深淺，把紗扇扇面表達得十分逼真。

以男子替女人修剃恥毛作主題的春畫，在中國春宮畫史上，本圖為僅見之例，即便在東鄰日本數以千計的浮世繪春畫或西洋春畫中，也罕見類似的表現，我只在日人福田和彥編著的《世界之浮世繪》一書中，看到一幅歌川國貞西元一八二八年所繪〈色の程よし〉冊頁中，有一幅〈欲欲開〉，圖的左下角有一婦人自己用手在拔除陰唇邊亂生的雜毛，其他就不多見了。

〈剃毛圖〉以罕見的題材引人矚目，說明春畫不是只有「性具入港」才夠刺激，煽情的效果是要靠用心營造的。

用剃刀剃除陰毛不是漢族人的風俗，在古代中國，只有上古時，女性才以下體無毛為美，如《素女經》說：「凡相貴人尊女之法，欲得滑肉弱骨、專心和性、髮澤如漆、面目悅美、陰上無毛……。」但是漢朝以後，中國人的觀念認為，陰毛要適中才美，陰毛太多或寸草不生皆主淫賤，女性下體無毛稱「白虎」，更是男人的剋星，所以漢族人只有修剪雜亂陰毛之舉，而無剃盡陰毛之事。本圖中之男女究竟是修毛還是剃毛，原本難以判定，但是男人頭上所戴的白圓帽，說明了他是個回族男子，而回教徒是剃陰毛的，從古到今都保持了這個習俗，這一頂白帽子，洩露了本圖是描繪回族男女閨中秘事的天機。加上仰躺在浴盆中的婦人下體潔淨無毛，更強力證明了仰靠案邊的婦人她的陰毛是準備讓男子全部剃光的。

信奉伊斯蘭教的回族，主要居住於中國西北邊的陝西、甘肅和新疆各省，在明朝中葉以後，有些回族男女入居北京，與朝廷往來。清朝人毛奇齡《明武宗外紀》說明武宗（西元一五〇六年至一五二一年在位）在「豹房」淫樂，回族的錦衣衛都督同知于永，以擅長房中術受武宗寵信，于永還介紹許多皮膚白皙的回族美女入豹房供武宗享用。另一位回族的都督呂佐，找來許多能歌善舞的回族美女給武宗淫樂，所以西北邊區回族男女的生活習俗才漸漸為中原漢人所熟知。

有剃小臉兒的　幫婦人剃陰毛

在清朝雍正八年（西元一七三〇年）序刊的著名章回小說《姑妄言》裡，作者曹去晶就屢次提到回人剃恥毛之風俗。像第三回中說：「回回家男婦，但有毛處無不扳淨者。相傳教門中專有一種為婦人剃陰毛者，名曰『剃小臉兒的』，然不知果否？」同書第十回也說：「回回家女人的陰毛是要剃盡了的……。」可見晚明清初時漢族人對回族的此一習俗頗有耳聞，因此才畫了這一幅〈剃毛圖〉吧。

畫中男子如果真是回族人，那他那纍垂的巨大陽物就格外引人好奇遐思了，這讓筆者想起清乾隆刊本《笑林廣記》卷八裡的一則有關巨陽的笑話「幾世修」：

一尼到一施主人家化緣，暑天見主人睡在醉翁椅上，露出陽物甚偉，進對主家婆曰：「娘娘，妳幾世修來的，如此享用？」

主婆曰：「阿彌陀佛，說這樣話！」

尼曰：「這還說不修哩！」

後記

在上個世紀三、四十年代，一位妓女康素珍的回憶錄《禽獸×臭婊子》（李書宇編著，二〇〇五年六月柏室科技藝術股份有限公司出版）書中第二六三頁說：妓女香君是下體無毛的『白虎』，許多嫖客迷信不吉，不肯召她，因此生意不好；一天來了一個回族客人，身上從胸前到腿襠都長了刷子似的黑毛，欣然與香君歡好，「原來，因為生理關係，有的男人從胸前到腿間，長的一溜黑毛，被稱作『青龍』，迷信說法『青龍對白虎』，逢凶化吉。」

同書第二六四頁又說：「嫖客說：『我們回民可不在乎什麼白虎，有的還特意用剃頭刀刮掉呢！』」附誌於此，以資佐證。

再記

我一位信奉伊斯蘭教的阿富汗籍朋友，親口對我說：「剃恥毛的好處有二：一是清潔，不藏汙納垢；二是使那話兒顯得更長。」他當然也是下體光潔無毛的嘍！

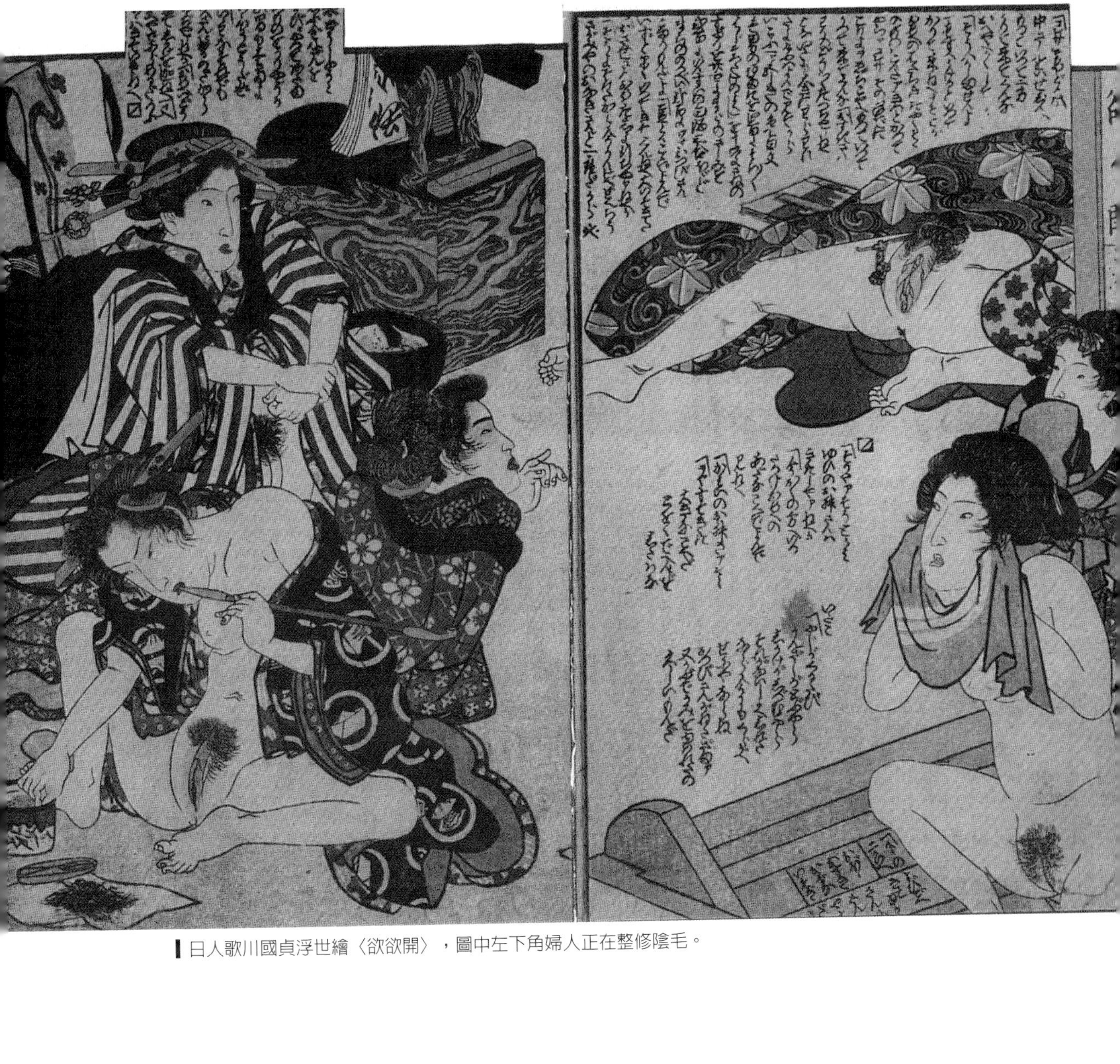

日人歌川國貞浮世繪〈欲欲開〉，圖中左下角婦人正在整修陰毛。

第五講 明末清初的兩幅殘絹

在《雲雨》（*Chinese Erotic Art*）一書中，有兩幅明末清初的殘絹春畫，一是〈桃園秋千〉、一是〈楓林耍猴〉，原畫為法國巴黎之羅傑．披黑費特（Roger Peyrefitte）收藏，繪畫年代約在一六四〇至一六五〇年間，絹面頗有殘破，幸好並未損及繪畫之主旨。

兩圖的共有特色如下：

第一，人物造型一致，均受到晚明變形主義的影響，把臉部拉長，使畫中男女有著誇張的高額。

第二，線條簡練，設色淡雅，仍保存晚明質樸的風貌。

第三，背景的楓林、桃林憑概念任意塗

寫，有裝飾風的趣味，而不是清朝大多數春畫裡的對景寫真。

第四，兩圖的題材新鮮、頗富創意，顯示畫家不但繪畫技巧嫻熟，也有自創畫稿的本事，不是只能臨摹的庸手。

這兩幅春宮，一為三月春景，一為九月秋景，不知道當初是否是十二張一組、描繪一年十二個月裡三教九流、各行各業的行樂圖；在日本浮世繪春畫中，就有這樣的表現手法。三十多年前，我曾在牯嶺街舊書攤買到一個原版浮世繪春宮畫的拼湊冊頁，共十三張，版畫尺寸為十二公分乘八點五公分，由三組不同作品雜湊成冊；其中有八張即是繪印於江戶時代中期一八四〇年間「十二個月之內」的正月、二月、四月、六月、八月、十月、十一月和十二月，殘缺了其他四個月，每個月的景緻不同，男女做愛的姿勢也各異，像二月在花樹下隔山搗火，十二月在閨中倒澆蠟燭邊眺望著窗外雪景等等。後來有一回我請七、八位大學同學來

左：明末清初佚名畫家〈楓林耍猴〉圖。
右：明末清初佚名畫家〈桃園秋千〉圖。

家裡作客，把這個小冊子拿出來獻寶，飯後送客，就發現這十三張浮世繪春宮冊子不見了。多年以後，我終於醒悟是誰偷的，但終究沒有將此事告訴別人，只怪自己慢藏晦盜、識人不明。此冊若在手邊，倒是可以拿來作本文之圖證。

回過頭來介紹這殘存的兩張殘絹。

〈桃園秋千〉描繪三月暮春，豪富之家在花園裡的行樂圖。時序正當清明，園中桃紅柳綠，春光明媚，中國人一向有「清明打秋千」的習俗，在明萬曆年間的《金瓶梅詞話》一書中便曾敘及。書上第二十五回說：「話說燈節已過，又早清明將至，……吳月娘花園中扎了一架秋千，這日西門慶不在家，閒中率眾姐妹遊戲，以消春困。」

這個殘絹會不會是描寫《金瓶梅詞話》中西門慶與潘金蓮或吳月娘打秋千的光景呢？在《祕戲圖大觀》一書中，編者對此圖的說明就如此解釋，可惜錯了，一百回的《金瓶梅詞話》中，從不曾描述過西門慶或陳經濟曾經和其他女性如此玩過，這張〈桃園秋千〉圖殘卷絕對不是《金》書的插圖。

一般人盪秋千就老老實實站在秋千木板上來回擺盪，有時一次一人，也可以兩人面向同時站在木板上盪；像羅傑．披黑費特收藏的這幅〈桃園秋千〉卻是用布條把女子兩個腿彎吊起，兩腿大張地來回擺盪，讓牝戶迎撞站在前方裸露下體的男子勃起的陽具，而由丫環女侍們拉著她繫在腰間的彩帶來回操控，這真是異想天開，讓人大開眼界了。

可惜，這種浪漫的玩法並不切實際，如果來回擺盪稍猛稍快，絕對無法一桿進洞且有撞斷肉桿之虞，還是看看就好，別有樣學樣。

這樣的「秋千淫戲」，是不是這個殘絹的佚名畫家所發明的呢？應該不是。我們在一幅繪刻於明神宗萬曆三十年左右（約西元一六〇〇年）的祕戲圖冊裡，看到一幅〈鞦韆戲狎〉，就描繪著女子坐在秋千板上，翹起兩腿，讓站在面前的一個頭戴官帽、身披長袍的男子恣意抽送；男子雙手扳著秋千吊繩，來回拉動以造成女體前後晃動的韻律，便節省了自家腰股的聳動之力。這個辦法較殘絹〈桃園秋千〉要切實可行多了，不會撞斷男人的命根子。

中國春畫裡的「秋千淫戲」我還見過五、六幅，像明萬曆四十幾年木板刻印的《素娥篇》四十三幅春宮圖中，

▍明朝木刻版畫《金瓶梅詞話》之〈吳月娘春晝鞦韆〉。

明萬曆年間徽派木刻版畫〈鞦韆戲狎〉。

也有一幅木刻版畫，描繪唐武則天朝中的權貴武三思裸身倚樹而立，陽具勃起，迎著跨腿張肶坐在秋千上、由丫環推送正要盪過來的侍妾素娥，男女性姿勢和構圖與〈桃園秋千〉類似。在本書第十二講、二十二講裡，我們還會碰到此類題材的春宮畫，可以參看。

以下再談〈楓林耍猴〉。

史書記載，中國在唐末五代時，四川已有耍猴的賣藝人了，有的猴子會騎在狗的背上，有的會扮人，表演各種動作；當時蜀國皇帝的侍從官侯弘實非常兇橫跋扈，四川耍猴人楊于度便訓練猴子扮醉漢，倒在地上不肯起來。楊于度大聲喝斥說：「警察來了。」猴子躺著不動；又大聲說：「皇上來了。」猴子還是不理。楊于度俯身在猴子耳邊小聲地說：「侯弘實侍中來了。」猴子馬上起身倉皇而起，臉露畏懼神色。觀眾看了都哈哈大笑。四川產猴，川人馴猴賣藝原不足奇，不過明朝以後，耍猴大多是安徽鳳陽人的專利。他們平時在鄉鎮間遊走賣藝，到快過年時便趕到大城市去表演，好發個利市。

本圖描寫一個安徽鳳陽的耍猴藝人，來到鄉間賣藝時，意外遇見一個耍花鼓的女藝人，兩人眉來眼去，彼此有情，就相偕到林間僻道上野合起來，兩人把吃飯的傢伙往旁邊一丟，脫去褲子就倚著樹幹尋歡，一旁的猴子還頑皮地伸腿要去攪局呢。

圖中男女的關係有多種解釋。以前我以為是夫婦，但耍猴藝人大多獨自一人跑江湖，罕見攜家帶眷的，不方便；也有人解釋為跑單幫的耍猴人勾引村婦到林間野合，這樣的解讀合情合理，卻無法解釋婦人身旁的花鼓從何而來？這花鼓絕對不是耍猴人的，耍猴人行走江湖時多半身揹柳條箱子（裡面放賣藝人的行李和猴子的戲服道具），猴子蹲在箱子上，他一手持盪鑼、一手用根小圓棍敲著，招徠顧客，這種模樣在清朝乾隆年間的御用畫師丁觀鵬所繪〈太平春市〉（天下太平的春節期間的市場景觀）長卷中，就有個如此這般的耍猴賣藝人樣本；所以我猜花鼓是婦人的，婦人是另一個跑江湖的藝人。

這兩幅絹畫中的人物都畫得栩栩如生，很有特色，拉長的臉型是受晚明變形主義人物畫家陳洪綬的影響，但是線條嫻熟而精準，身體比例勻稱，可見高額長臉是故意誇張的表現。尤其難得的是拉長變形的誇張手法，能表現得恰到好處，讓畫中男女顯出個性美，不像陳洪綬有些人物

▍清人丁觀鵬〈太平春市〉圖卷中的耍猴賣藝人。

變形到醜怪的地步，才是畫家高明之處，他讓我想起二十世紀初期以長頸長圓臉裸體美女畫享譽世界的義大利畫家莫蒂里安尼（Modigliani，一八八四至一九二〇年）。

畫這兩幅絹畫的傑出畫家是誰呢？

在清朝初年，有一位畫人物畫很出色的畫家叫禹之鼎，他的人物線條也嫻熟有力，造形也變形誇張得恰到好處。我看過禹之鼎在清康熙十五年（西元一六七六）所繪的〈女樂圖〉，但繪畫技巧比〈桃園秋千〉、〈楓林耍猴〉更高；這兩張殘絹春畫會不會是禹之鼎比較早期的作品呢？因為看不到原畫，只能亂猜了。

清初禹之鼎〈女樂圖〉中的美麗女侍。

清初禹之鼎〈女樂圖〉局部圖。

第六講
清康熙年間浙派春宮〈年中行樂圖〉

在《樂園》（*Gardens of Pleasure*）一書中，刊載了清朝康熙年間（西元一六六二至一七二二年）浙派佚名畫家之作〈年中行樂〉絹本圖冊，此冊畫幅寬五十五點五公分，高三十九點五公分，描繪一年十二個月裡江南富豪之家的行樂圖，原冊頁應十二張，今僅存八張。

這個絹本春冊原為民國初年旅居法國巴黎的古董商盧芹齋珍藏，在上個世紀八〇年代又轉入美國紐約收藏家法蘭克・卡羅（Frank Caro）之手，如今則是荷蘭人費迪南・伯索雷（Ferdinand M. Bertholet）收藏品，畫作只能用「精美絕倫」四個字來形容，充分展現了清朝第一個太平盛世的富裕華貴的氣象。

這個冊頁有明顯的浙派畫風，也就是承襲宋朝宮廷畫家觀察入微、描繪精細的技法，來描繪花草樹木和男女人物，畫得像攝影作品，栩栩如生而又耐人鑑賞，再搭上相對粗放的手法來描繪庭園山石等舞台背景，人物只占畫面六分之一，構圖飽滿完整，搭配得宜，運筆功力深厚，線條遒勁，產生富麗堂皇而又典雅端莊的效果，絕無普通宋畫萎靡柔媚之失或一般春宮輕佻庸俗之弊。

一言以蔽之，這是一套宮廷畫家水準精麗典雅的畫院風格作品，藝術造詣極高，達到清朝宮廷收藏的藝術水平和嚴格要求，可以供皇帝在勤政之餘細細展玩，或與妃嬪共賞，成為雲雨助興之具。

康熙或雍正皇帝曾把這個〈年中行樂〉圖冊攤給愛妃看，欣賞她臉紅嬌羞又春心蕩漾的模樣，再趁興上下其「龍爪」，照本宣科地盡情臨幸交歡嗎？

當然大有可能。那麼，這個冊頁多半也就是康熙朝某些宮廷畫家奉旨精繪的傑作了。難怪它構圖用心精當，巧妙合宜，線條一絲不苟，絕無敗筆。顏色用料考究，孔雀藍、石青、赭紅等礦石顏料，在二百年後仍鮮豔如初。

康熙朝宮廷畫院裡，擅長人物畫的畫家有焦秉貞和冷枚師徒二人，焦秉貞有〈耕織圖〉傳世，冷枚有〈仕女圖〉傳世，均藏於台北故宮博物院。但〈年中行樂〉圖冊卻比這兩個作品要精麗細緻，真不知是那位高手的得意之作。

因為觀察入微、描繪精緻，所以畫中的花草樹木都可以一一辨認，從而知道行樂的時間，如二月的玉蘭、四月的紫藤、五月的繡球花、六月的荷花、八月的錦葵、九月的萬壽菊、十二月的水仙、臘梅等等。也因此我們確知佚亡的四張是正月（梅花）、三月（桃花）、七月（鳳仙花）和十一月（山茶花）。

以下按時間的先後順序，逐一介紹這殘存八張的〈年中行樂〉圖冊。

一、〈玉蘭應春〉（二月）

依照花木綻放的順序，正月開完梅花後，二月就輪到玉蘭花了，然後才是杏花、桃花、李花、梨花、櫻花、蘋果花……在二月梢、三月初相繼開花。玉蘭又稱作「辛夷」或「木蘭」，是這些高大的花樹裡最早綻放的，所以也稱「應春花」、「望春花」。

在早春時節，富貴人家院子裡的玉蘭花開了，男主人帶著愛妾到園中賞花。春天是戀愛的季節，更是做愛的季節，春心蕩漾的男女便在春光明媚的的庭院裡上演一齣活春宮了。因為春寒料峭，兩人的繡袍都脫不得，只露出性器彼此湊合，男主人體貼地坐在冰冷的太湖石上，身倚著玉蘭花樹的粗幹，扶摟著愛妾跨坐上身，玩「鶴交頸」的性愛姿勢；女子的三寸金蓮被安排在醒目的位置，顯示男人對小腳的痴迷熱中，是女人性感的焦點。

此圖右邊藍色太湖石後開小白花的是李樹，李花白而葉小，梨花白而葉大，說明已是二月末梢了。圖畫左邊人

清康熙年間浙派春畫〈年中行樂〉冊頁之二月〈玉蘭應春〉。

物背後安排了盛開的紅黃牡丹，以增添畫面的富貴氣息，但牡丹要到陰曆四月穀雨時節才開放，在現實世界裡是不可能與玉蘭競豔的，這是本冊頁唯一的疏失。

二、〈紫藤迎夏〉（四月）

在四面敞亮的軒堂裡，一對男女在鋪著華麗織席的涼榻上白晝宣淫，時序來到四月初夏，窗檻外的紫藤開花了，垂花在風中搖曳，宛若群蝶列飛。

紫藤是晚春開放的花樹，李白詩「紫藤掛雲木」形容

清康熙年間浙派春畫〈年中行樂〉冊頁之四月〈紫藤迎夏〉。

其樹幹高大，所以畫面上只看到樹梢幾枝懸垂在窗外，李德裕詩「春晚紫藤開」，說它是暮春開放的花卉，但矮榻前地面上的一把紈扇，又暗示時序已來到初夏了。

富豪之家的生活是奢華講究的，老樹根雕的茶几上放著茶壺和茶杯，杯中茶水是歡愛之後解渴用的，矮榻一端靠放著嵌雲石紫檀平頭香案，案上擺列著香爐和火箸、香匙（放在瓶中）、香料（放在荷葉盤上），爐中香煙冉

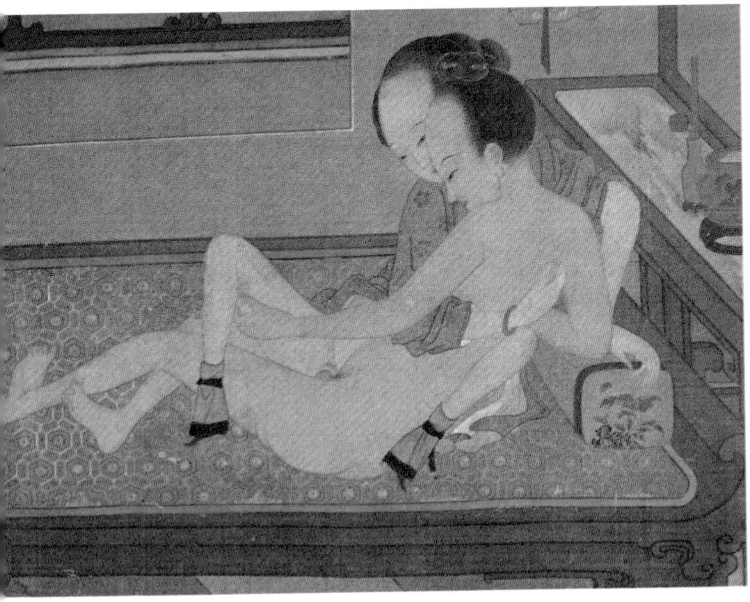

眼兒媚

軟裀鋪繡倚春嬌玉股
倩郎挑金蓮纖約牡丹螢
膩一看魂消 微瞬秋波
嬌不語此景倩誰描難描
只在雲鬟翠解桃頰紅
潮 惜花人

明萬曆刊本《花營錦陣》木刻版畫〈眼兒媚〉。

冉，增添快意。香案後的屏風還掛了一幅寒梅圖，要給暑天降溫，這是三百年前富貴人家夏天裡最高級的享受了。

因為天氣轉熱了，男主人便脫得一絲不掛，側身斜躺著，也讓愛妾面向自己側身斜躺，抬起她的一隻腳，要玩個新鮮的姿勢，這可是「素女九法」中所沒有的玩法，得向唐人《洞玄子》一書中去尋找，叫作「魚比目」。

明朝神宗萬曆三十八年（西元一六一〇年）刊印的木刻套色版畫春宮冊頁《花營錦陣》（一共二十四圖）中，有一幅的姿勢與此相同，題作〈眼兒媚〉，〈年中行樂〉的繪者在創作時，不知道有沒有參考這個版畫春冊。《花》冊〈眼兒媚〉有惜花人題詞道：「軟裀鋪繡倚春嬌，玉股倩郎挑。金蓮纖約，牡丹螢膩，一看魂消。微瞬秋波嬌不語，此景倩誰描？難描！只在雲鬟翠解，桃頰紅潮。」詞中的「牡丹」指牝戶。

〈紫藤迎夏〉中的男子正俯首細看牝牡交湊處，女子則媚眼斜睨，都恰與明朝惜花人所題豔詞形容的「一看魂消」、「微瞬秋波嬌不語」相吻合，可以挪來借詠。

值得一提的是，圖右軒外階旁那一叢黃綠交錯的植物叫變葉木，在清朝初年可是珍奇罕見的花木，價值不菲呢，千萬別小看了它。

三、〈綠柳垂蔭〉（五月）

這是這套冊葉裡畫得最精彩精緻的一張，其次則是二月和九月的那兩張。

清康熙年間浙派春畫〈年中行樂〉冊頁之五月〈綠柳垂蔭〉。

時序來到仲夏，花園石欄邊的老柳樹，已經濃蔭滿綠了，白色的繡球花也爭奇鬥豔地綻放著，一對家燕在空中穿梭飛舞，彼此調情，因為屋子裡熱，男主人便在柳樹下鋪了草蓆，擺上靠椅，邀愛妾到園裡納涼。

身穿無袖薄紗涼衫的婦人，手搖著紈扇來到花園，才發現丈夫心懷不軌，還帶了幾本春宮畫冊，要和她一同觀

賞呢！

說是納涼，看了豈不更熱？果然沒看完一本，兩人都熱得脫光了下半身，照著春冊上的姿勢玩起了「老漢推車」。

女的嬌嗔道：「你沒安好心，嘴上說納涼，早想玩我了，不然幹麼準備著這些不要臉的畫片給人看？」

男的說：「妳才沒安好心，早想玩我了，不然幹麼穿這麼騷的大紅肚兜勾引人？」

天上的燕子笑著說：「羞羞羞，你們倆個誰也別說誰，不是一家人，不進一家門。」

四、〈菡萏滿池〉（六月）

暮春六月，荷花在池塘裡迎風搖曳，消暑解渴的西瓜、蓮藕和菱角擺在藍色的大冰盤裡，安置在五開光內翻馬蹄漆紅盒托上，回紋欄杆前擺放著根雕香几，几上陳列著香爐、香箸瓶和香盒等物，外頭的暑天十分炎熱，朱門豪宅的軒廊內卻是涼爽芳香的。

在涼爽清香的軒堂裡，男主人往地上鋪了一張精美別緻的圓蓆，在蓆上與愛妾敦倫。他壓著女人行房，玩「霸王壓頂」的性姿勢，可是女人的陰戶生得比較落檔，玩得不夠盡興。

一般男人在碰到這種情況時，就往女人屁股下墊個枕頭，把牝戶抬高，角度就順當了，可是王孫公子的氣派不一樣，他不用枕頭，他叫丫環躺到主母屁股下當枕頭，神氣吧。

本圖的三人玩法似乎也不是這位浙派佚名宮廷畫師獨自創造出來的，似乎也參考了明神宗萬曆三十八年刊行的《花營錦陣》版畫春冊，在《花》中有一圖就是這麼玩的，還有玉樓人題了一首〈鵲橋仙〉，描寫個中情景說：「玉股齊舒，纖腰盡展，兩人無限狂興；權時借用小丫環，襯疊起勝如山枕。　靈犀緊湊，牡丹全吐，螻蟈撐波不定；恰如烏鵲去填橋，渡牛女兩情相罄。」

「靈犀」指男陽，「牡丹」指女陰，「螻蟈」指小丫環，看〈菡萏滿池〉中的三人，也真是「靈犀緊湊，牡丹全吐，螻蟈撐波不定」了。春畫中的男主角還神氣地盯著你呢，像在說：「看什麼看？沒這樣玩過，是吧？」

清康熙年間浙派春畫〈年中行樂〉冊頁之六月〈菡萏滿池〉。

明萬曆刊本《花營錦陣》木刻版畫〈鵲橋仙〉。

五、〈秋葵競豔〉（八月）

依舊是達官貴人家的後花園，假山後的一丈葵開著粉紅色的花，說明時序已來到八月仲秋，天氣該漸漸涼了，但是秋老虎仍不時肆虐，熱得沒法在屋子裡待，只能在花園裡找一處太陽曬不到的地方鋪一張涼蓆，睡在上頭消暑。還是嫌熱的話，就只好在一旁放一個冰盤，盤裡放一個大冰塊來怯熱了。

圖中的王孫公子就這麼對待秋老虎，可是，他還有一頭母老虎要對付。母老虎雙手纏摟著他，像多害羞似地不敢看攤在她面前的春宮冊頁。可是，事情哪是這樣呢？明朝的風流才子唐伯虎（也是一位春畫高手）就以自身的經驗畫了一幅美女騎在猛虎背上，手持利劍作勢欲劈的〈虎色圖〉，並且在畫上題詩警告說：「利劍不可近，美人不可親；利劍近傷手，美人近傷身。道險不在廣，十步能摧輪；愛情不在多，一夕能傷神。」

明人蘭陵笑笑生也在《金瓶梅詞話》一書上以一首詩告誡好色之徒說：「二八佳人體似酥，腰間仗劍斬愚夫，雖然不見人頭落，暗里教君骨髓枯。」〈秋葵競豔〉圖中男子想藉春畫冊子煽動愛妾情慾而挑起戰端，真是不知死活哪！

補充一點，織蓆邊上放了張紫檀翹頭炕桌，桌上一個仿古青銅花瓶，瓶裡插著開白色的木香花和開紅色的金錢花，還有冰盤裡的枇杷、鮮桃，都是秋天應節的花卉瓜果。

六、〈寒菊綻放〉（九月）

韶光易逝，一年已來到暮秋九月，花園裡只剩下萬壽菊（畫中正前方紫紅花心白瓣者）、小雛菊（畫中右側假山旁黃心白瓣者）等菊科植物不畏霜寒地綻放著。

不光是菊花不怕秋寒霜冷，好色的男女也不怕呢，他們偏要到花園裡，一邊賞菊、一邊做愛。地上又冷又髒，躺不下去，男主人就教愛妾把身子俯趴在虬曲的松樹幹上，只褪下紅裙，翹起光溜溜的屁股，好讓他躬身前搗，玩一個「隔山搗火」的花樣，閒著的雙手還可以一手摟腰，一手摸奶呢。男子伸頭向前，像在問：「這個姿勢如

清康熙年間浙派春畫〈年中行樂〉冊頁之八月〈秋葵競豔〉。

清康熙年間浙派春畫〈年中行樂〉冊頁之九月〈寒菊綻放〉。

何？舒服嗎？」女人回眸說：「好是好，就嫌不夠深，搗不到底。」

只能怪女子的屁股太豐滿了，像隔著兩座小山，教男人的陽具如何搗得到花心呢？

這幅畫設色典雅，構圖飽滿，虛實相間，錯落有致，左側的淙淙活泉暗示庭園幽深，右側的白玉鼓凳暗示奢華富貴，處處可見畫家之用心。

▌清康熙年間浙派春畫〈年中行樂〉冊頁之十月〈竹篁清幽〉。

七、〈竹篁清幽〉（十月）

這幅畫光憑翠綠的竹林，可以放在五月到十月之間的任何一個月裡，但是圖中男女穿著厚厚的長袖長袍，所以把它放在十月而不是七月。富貴人家的書房裡，黃花梨翹頭案上擺放著裝飾用的商周銅觚和仿青銅陶罍，還有一函線裝書；昔時充作酒瓶的銅觚裡，插著來自遙遠熱帶南洋的孔雀翎和紅珊瑚，還有一只玉如意；左側地上放著一個銅壺，壺口和壺耳插了幾隻木枰，一旁的地下也凌亂地掉了幾隻，原來畫中男女才剛玩過投壺之戲，投輸的女子只好依約任男人擺布，男子命令她褪下裙子坐到醉翁椅上，兩腿分擱在扶手上，張開牝戶，讓他玩個「老漢推車」呢！現代男女也有類似的閨房之戲，或划拳脫衣，或擲骰淫戲，要打破一成不變的男歡女愛，尋求變化刺激。友人李某藏有一套往昔日本妓院使用的木製方酒杯，大中小三方杯彼此相套，小杯中有一六面木製骰子，分別寫上「唄」（罰唱歌）、「キス」（接吻）、「踴」（跳舞）、「一合」（喝一杯）、「半合」（喝半杯）等等，就是類似的玩意兒。

投壺的玩法是站在一定距離之外，以木枰箭往壺投去，投入壺口得三分、投入壺耳得一分，一人投六箭，以得分多寡分勝負，輸者依約飲酒，但圖中男女顯然是「投壺賭色」，投輸的人要無條件服從對方的任何要求。

畫中男子洋洋得意地拉起女子右腿，讓牝戶張得更開些，一邊搗弄著，一邊說：「這叫作『肉投壺』，看我箭箭正中花心。」女子媚眼呻吟說：「郎君手段高強，奴家甘拜下風。」心中卻暗自竊喜道：「傻瓜，我是故意輸給你的，我就是喜歡任人擺布啊！」

八、〈臘梅飄香〉（十二月）

歲序來到了水仙開花、臘梅綻放的十二月，空氣中飄浮著若有若無的幽香，假山後的一叢南天竹正結著鮮紅的小球果，與另一邊的翠竹遙相呼應。

天氣冷極了，富豪人家裡支起了炭盆，燒炭取暖，炭盆中還擱著銅缽銅壺，裡面燉著一缽滋補的紅棗銀耳桂圓蓮子湯和一壺金華酒。那酒燙了就可以喝，是事前助興的；甜湯卻得慢慢熬煮，要燉得濃稠至極，把蓮子銀耳都燉化了才好吃，是事後滋補的。

一個臘冬的夜晚，燈檠上燃著紅燭，長夜無聊，男主人便和愛姬燙酒而飲，藉以驅寒。哪曉得身子喝得暖了，心也跟著熱了，就把酒杯擱在床前的平頭案上，相擁上床翻雲覆雨去也。

清康熙年間浙派春畫〈年中行樂〉冊頁之十二月〈臘梅飄香〉。

男的壓著女的，玩的是「金鯉衝波」之式，一衝再衝，也不知衝了多久，女的忽然想起，說道：「你快點兒，別讓爐子上的甜湯熬乾了。」男的說：「你不說些好聽的，我怎麼射得出來？」

第七講
清雍正年間仿仇英〈閨中樂事〉圖冊

這套清人摹仿明朝仇英的絹本春宮冊頁，繪於雍正年間（西元一七二三年至一七三五年），摹繪者佚名，共計十六開，原畫尺寸為三十四乘三十八公分，收藏者為荷蘭人費迪南．柏索雷（Ferdinand M. Bertholet），但我只在《春夢遺葉》和《樂園》兩書中一共看到其中的十二圖。

這十二圖大致可區分為五組，〈吹簫〉、〈佯拒〉和〈纏綿〉是一組，〈捲簾〉、〈捫乳〉是另一組，〈坐懷〉和〈婆媳〉又是一組，〈窺浴〉、〈野合〉和〈露陽〉可以是另一組，〈探陰〉和〈開苞〉則是第五組，這是把畫中男女容貌近似的歸為一組所作的區分。也許原來的冊頁就是三、四張一組，一共講述了五則「閨中樂事」也說不定，但是此冊還有四張圖未曾寓目，所以也不知如此區分是否得當。

這本仿仇英〈閨中樂事〉圖冊大致有以下幾個特點：

第一，仇英原畫的主旨在傳達男女間相互吸引、相互挑逗的情趣，比較含蓄比較重視前戲，至於如何陰陽交歡，用什麼姿勢做愛的技術問題，則不是他關心的重點，這是明朝春畫尤其是仇英春宮畫的明顯特色之一。

第二，畫中男女造型的陽剛氣息比較重，男子畫得粗獷剛健固不用說，連女子也畫得嫌老嫌澀，絕無嬌麗柔媚的女人韻味，我以為這是仇英人物畫的另一特色，也是他與唐伯虎最大的區別所在。

第三，畫中的花草樹木山石欄杆和屋內的家具陳設，比較富裝飾意味，是概念式的表達，而不是面對實景精細寫真。同樣是表達權貴人家的富麗堂皇，在仇英筆下就比較難一一說明它是何種奇花異草、怎名貴的古董家具。

第四，因為背景只是概念的表達，不是仇英的特長，畫面便著重於人物本身，畫中男女就畫得比較大，人物佔了畫面的三分之一到四分之一，成為矚目的焦點。

第五，因為這只是一個無名畫師的仿仇英摹本，畫中人物大多有形無神，表情呆滯，如果只看男女的臉部，你絕對想不到他們是在調情或做愛。換而言之，這個冊頁是典雅有餘而氣韻不足，比起前述康熙年間的〈年中行樂〉圖冊，在藝術水平上是差了一大截的。

這是我看〈閨中樂事〉複製圖片的一些粗淺印象，以下再逐一介紹這十二幅作品。

一、〈吹簫〉

夏日午後，富豪之家的一景，女主人閒著無事，取來一管竹簫。嗚嗚吹了起來。簫聲引來女子的丈夫，悄悄從後摟住，色迷迷地伸出「祿山之爪」，不客氣地朝她乳房抓去，一邊在她耳邊說：「你這麼會吹簫，來吹吹我的『無孔簫』吧！」

此圖中的中年男子身穿素色長袍，頭戴垂翅幞巾，足登朱履，顯係一家之主。吹簫婦人穿對襟繡袍，頭戴珠翠，妝扮貴氣，應該是男子之髮妻。畫面左側的太湖奇石、右側方桌上的古董陳設，營造出富貴氣象，青銅圓壺裡插著一把紈扇，則點出時間是在夏天。

二、〈佯拒〉

男人把妻子拖到書房，坐在一張紫檀木嵌雲石束腰翻馬蹄方凳上，就開始上下其手，又摟又親起來。婦人忙用手推開丈夫吻過來的嘴唇，說道：「大白天的，怎麼可以這樣？日光菩薩看見了要怪罪降殃啊！」

一樣的華貴陳設，在黃花梨翹頭長桌上擺放著文房四寶，函冊畫軸，一個寶藍色雙耳壺盧瓶中插著盛開的牡丹，說明時當四月，春暖花開之際，婦人的粉紅長裙已被褪下一半，那掙扎推拒恐怕也是徒勞佯裝的吧。

清人仿仇英〈閨中樂事〉圖冊之〈吹簫〉。

清人仿仇英〈閨中樂事〉圖冊之〈佯拒〉。

三、〈纏綿〉

夜晚閨房之中，紅燭高燒，夫妻倆脫得赤條條的，只剩一件藍色抹胸在婦人胸前，脫下的衣衫裙褲就堆放在窗欄上。男子把妻子放在紫檀藤心靠背半圓椅上，抬起她的雙腿就敦倫起來。婦人手腳交纏在丈夫背上，顯示歡愉至極、真情畢露。

圖左景泰藍五開光瓷鼓凳上放著一盆四季蘭，黃花梨回文方桌上放著古董珍玩、茶壺茶杯，還有一個用繡花錦緞包裹著以防落塵的銅鏡，說明地點是在閨房之中。

四、〈捲簾〉

圖中的婦女很像前三圖中的女子，也許仍是這戶人家的女主人，但男子卻不同了，由國字臉變成長圓臉，年紀也輕了許多，或許是他們家僱請的帳房先生或總管吧。也許男主人有事出遠門，有好幾個月不在家，俗話說：「色膽包天」，這位總管的膽子真地就大了起來，一個夏日午後，女主人站在方凳上捲簾，放清風吹入房中時，他趁機上前一把摟住，就伸手去摸她的乳房，大膽調戲起來。婦人吃驚回首，臉上卻沒有生氣的表情，看來是對這位年輕的總管早有好感了。

五、〈捫乳〉

同樣的長圓臉白面年輕男總管，同樣的中年女主人，兩人情偕意洽地坐在男主人書齋的紫壇束腰藤榻上，女主人一手持著羽扇、一手摟著情郎，任他也摟著自己，又貼臉、又捫乳地調戲著。時序正當盛夏，後方長桌上的青銅花瓶裡插著盛開的荷花，讓人想起明朝馮小青的名句「瘦影自憐清水照，卿須憐我我憐卿。」

六、〈坐懷〉

圖中女子還是前面幾圖中一樣的女主人，男子換成了臉龐較瘦長些、膚色稍深的年輕男子，他是他們家的年輕長工嗎？是因為總管嘴吧不牢，把誘姦主母的好事說溜了

清人仿仇英〈閨中樂事〉圖冊之〈纏綿〉。

清人仿仇英〈閨中樂事〉圖冊之〈捲簾〉。

清人仿仇英〈閨中樂事〉圖冊之〈捫乳〉。

清人仿仇英〈閨中樂事〉圖冊之〈坐懷〉。

嘴，讓年輕的長工在知情之後以此要脅主母，也要相同待遇才不到外面亂說，於是成就了這段孽緣？誰知道世間男女的勾當呢？

一樣的書齋，在一扇雲母石屏風後面擺了張萬字圍屏式羅漢床，這原是男主人在書齋吟詩寫字、展卷閱讀累了，休息或午睡之處，如今卻成了妻子偷人的大舞台。

只見年輕的長工脫得光溜溜的靠坐在床角，要主母坐上身來自己賣騷聳動。婦人面有難色地說：「哪有女人這樣的？羞死人了。」小夥子說：「總管說了，妳才騷呢，哪有偷人還怕羞的！」

滿頭珠翠、首戴金環，一身白嫩肌膚的貴婦和皮膚粗黑、容貌猥瑣的長工糾纏在一起，極不相襯的對比造成了視覺上極度煽情的刺激效果。

七、〈婆媳〉

年輕的長工食髓知味，得隴望蜀，要主母說服男主人年輕的小妾，讓垂涎已久的他得償宿願，否則就要把她偷人的事到外面去說。女主人無奈，只好安排了一個機會，讓長工可以如願以償。

還是在書齋裡，主母與小妾閒話家常，主母說了許多八卦新聞，烘動小妾的春心，然後藉故走開，放年輕的長工進屋來強姦小妾。小妾驚叫救命，男主人的母親聞聲趕來，一邊喝斥著長工、一邊俯身摟著小妾要保護她。

長工那話兒硬幫幫的，是「箭在弦上，不得不發」，他一邊探手去摸家主小妾的私處，一邊持陽具準備蠻幹，還口出惡言說：「老奶奶，快讓開，不然連妳也一起搞了。」

八、〈窺浴〉

這是十二張圖畫中最精彩細緻的一張，圖中男女均與前面幾組不同，猜想是男主人的二老婆和他家的廚子。

某個秋天的午後，二少奶奶關起房門在屋內洗澡，她頭戴珠翠，渾身赤裸地跨立在朱紅楠木澡盆上，脫下的衫裙就擱在紫壇籐心三足圓椅上。丈夫出遠門，許久不歸，她久曠思春，忍不住把手指伸進了牝戶裡自慰起來，快活的呻吟聲傳到屋外，引來對她垂涎已久的廚子。

清人仿仇英〈閨中樂事〉圖冊之〈婆媳〉。

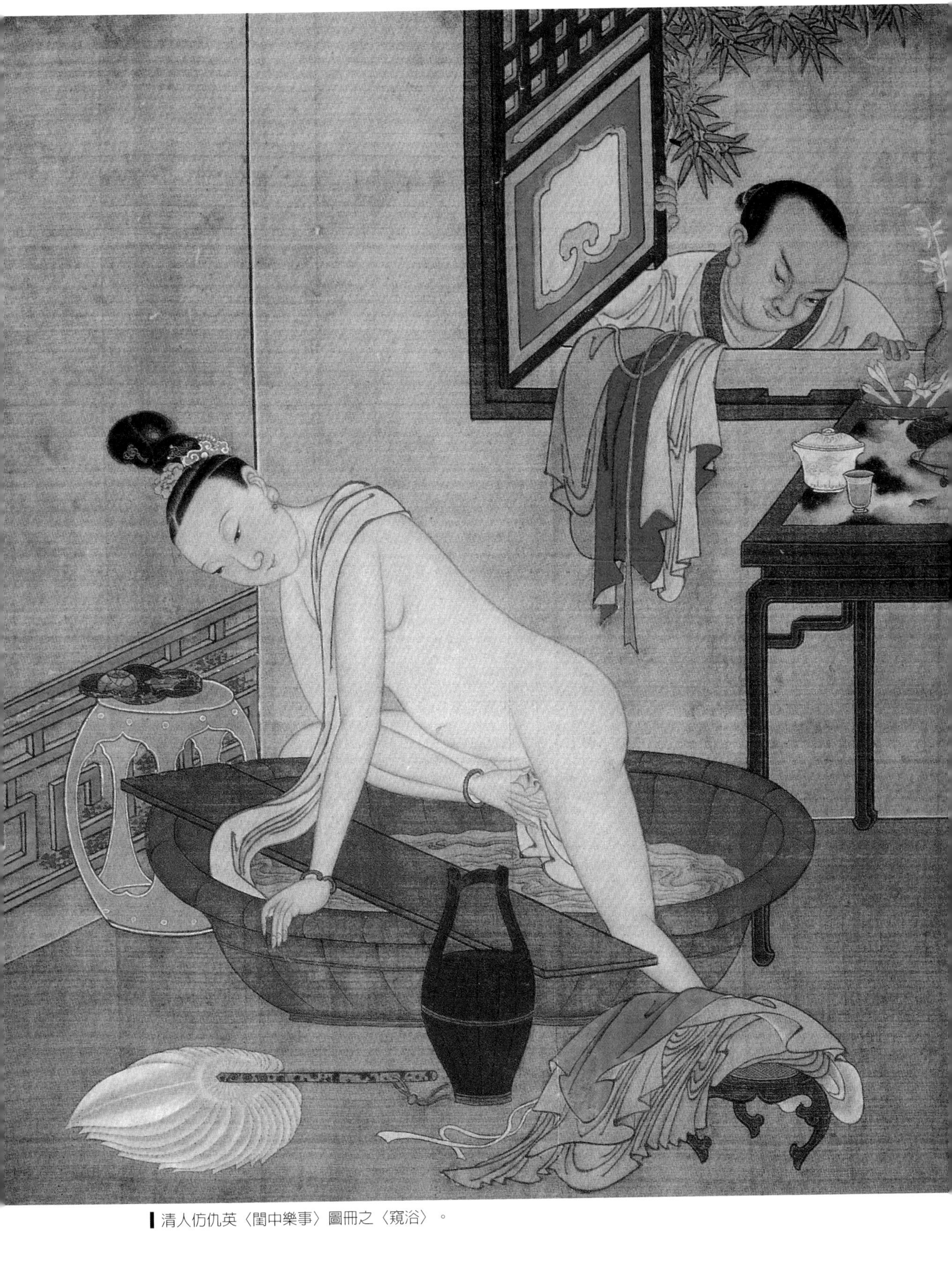

▍清人仿仇英〈閨中樂事〉圖冊之〈窺浴〉。

廚子從窗外窺見二少奶奶豐腴白嫩的肌膚，渾圓飽滿的肉體，早已按耐不住，仔細一瞧，女主人竟在手淫，這不是天賜良機嗎？立刻脫光了下身，把衣褲擱在窗沿，準備跳窗進屋來非禮二少奶奶。至於所犯的是殺頭之罪，也已經管不了那麼多了。這就是俗話說的「牡丹花下死，作鬼也風流。」

此圖中的家具用品都畫得很仔細，像前方的大紅提梁水桶、斑竹白毛羽扇，左側的翠綠細瓷五開光鼓式坐墩、坐墩上的海棠式托盤、盤中的豬胰子（香皂），還有右後方的紫檀嵌雲石條桌上放著花瓶、茶壺、杯盤等精美的擺設，白瓷青花有蓋碗上的飛鳳都畫得栩栩如生，後方寶藍色有足淺圓盆裡放著幾朵玉簪花，則點明了時節正當初秋。

九、〈野合〉

時序仍然是秋天，庭院裡的梧桐正茂，但是太湖石前後的花花草草，只是紅紅綠綠的點綴著，分不清是什麼花，也就不能確定此時是幾月，但顯然已入中秋了，因為廚子和二少奶奶的關係進展得很快，已經可以在家裡「公然宣淫」了。

廚子在花園裡的一塊太湖石上鋪好了大紅描金繡花褥墊，讓少奶奶仰躺上去，自己脫得一絲不掛，扛起二少奶奶一條白嫩的肥腿，將那話兒在洞口磨晃著。身穿大紅抹胸、外罩透明薄紗的少奶奶，左手摟著男僕的肩，自己配合地抬舉著另一條腿，焦急難耐地說：「死鬼，雞巴快進來，還在外頭磨蹭什麼？裡面癢死了。」

由這張〈野合〉，也可知前一張〈窺浴〉的結果，是二少奶奶半推半就，讓男僕非禮成功。不知道此冊頁未見的四張圖中，有沒有介於〈窺浴〉和〈野合〉之間的作品？應當有一圖描繪男僕將女主人按在浴盆坐板上雲雨的描繪，二奶奶並不抵抗，只問：「你怎麼這麼大膽！」男僕說：「妳要我出去嗎？」二奶奶一邊呻吟一邊持續地問：「唉喲！你怎麼這麼大膽？」男僕又立刻回問：「妳要我出去嗎？」兩人就一直如此一問一答地搞下去，直到把這樁奴姦主母的非禮亂倫勾當做完。

《金瓶梅詞話》第二十九回中有西門慶壓著仰躺在澡盆裡搓板上的潘金蓮狠幹的情節，也有木刻版畫的插圖，讀者們可以參看。

清人仿仇英〈閨中樂事〉圖冊之〈野合〉。

十、〈露陽〉

此圖中的男子似乎與〈窺浴〉、〈野合〉相同，但又不是完全相像，圖中的白衣女子則肯定是另外一人，比大奶奶、二奶奶年輕，或許是男主人的三妾，可以解讀為富貴人家的男僕勾引男主人年輕美麗的姬妾，也可以說是那個搞上二少奶奶的胖廚子，現在膽子愈來愈大，又想搞三奶奶了。

在迴欄的欄杆上，坐著一個穿短袖衫、短褲的男僕，正搖扇納涼，忽然看到美麗的三奶奶經過，就一把拉住她，露出勃起的陽具來挑逗，三奶奶放下手中的書，拼命掙扎，斥責說：「大膽的奴才，還不放手，等老爺回來了，看我跟老爺說，抓你去縣衙裡殺頭。」

男僕笑嘻嘻地說：「能沾上妳這身細皮白嫩肉，殺頭也值。」

廊柱上吊掛的綠鸚哥大叫：「殺頭！殺頭！」

十一、〈探陰〉

畫中男子又換了一人，看起來年輕英俊，是富豪家中比較機靈聰明的男僕，他逮到主人不在家的機會，對主母上下其手。主母半推半就，很難抗拒這個男僕的性騷擾，卻佯裝生氣地說：「還不快放手，你究竟想怎樣？」

「大奶奶，我就喜歡大奶奶，我想好好安慰大奶奶。」男僕嘻皮笑臉地死纏著。

十二、〈開苞〉

年輕英俊的男僕其實並不是真喜歡老爺的原配夫人，而是看上了她的女兒，把大奶奶搞上手之後，他就要脅大奶奶把女兒也讓她玩，否則他就再也不理她、不碰她了。色令智昏的主母便協助情人強姦了自己的女兒，希望能將這段不倫之戀維持得久一點。

仇英是江蘇太倉人，卻一直居住在蘇州作畫，當時蘇州流行一首山歌〈娘兒〉他一定聽人唱過，描述一個男子

清人仿仇英〈閨中樂事〉圖冊之〈露陽〉。

清人仿仇英〈閨中樂事〉圖冊之〈探陰〉。

清人仿仇英〈閨中樂事〉圖冊之〈開苞〉。

跟母女兩人同時發生關係的情景：

娘兒兩個並肩行，
兩朵鮮花囉裡（哪）箇強？
囡兒道池裡藕兒嫩箇好。
娘道沙角菱兒（菱角）老箇香。

＊　＊　＊

結識子（了）囡兒咦（又）要結識子箇娘，
娘兒兩箇細商量：
竹筒裡點火相照管（相互照應），
撐弗過航船同把濱（音幫，指男陽）。

第八講

清乾隆初年徐莞的〈歲華韻事〉

〈歲華韻事〉十二開絹本春冊見載於《樂園》一書，清人許莞繪，畫面尺寸為三十七點五乘三十七公分，約完成於清朝乾隆初年，收藏者為荷蘭人費迪南・伯索雷（Ferdinand M. Bertholet）。

這是按每月一幅，描繪一年十二個月裡的〈閨中行樂圖〉，在性質上與第六講的〈年中行樂〉相同，但〈年中行樂〉畫得富麗堂皇、有宮廷華貴氣息，本冊頁比較樸素，是江南民間富紳的悠閒生活描繪。《樂園》一書很難得地把十二張春宮全公諸於世了，使我們得窺〈歲華韻事〉之全貌，但次序的安排仍非由一月依序到十二月，可能此一冊頁重裱過，裱匠不知正確的順序，《樂園》一書編者便將錯就錯了。

由於〈歲華韻事〉第七圖〈瓜月破瓜〉的左下角，有一篆書白文印「徐莞之印」，我們猜想這套冊頁是徐莞所畫，但徐莞的生卒年月、籍貫經歷都無法查考。《樂園》一書作者說此冊繪於十八紀中葉，估且訂於一八五〇年，也就是乾隆十五年左右。中國春宮畫家往往不肯在畫上署名，使許多精彩畫作不知是誰畫的，好不容易碰到一個肯署名的畫家，偏偏又在書畫著錄上查不到他的來歷生平，讓我們對畫作可以多瞭解一些，真掃興。

光從繪畫本身，我們可以得到以下幾點印象：

第一，畫家的畫技嫻熟，以工筆細描的方式完成此一冊頁，但略顯功力有餘而才氣不足，性交姿態比較拘泥傳統而缺乏創意。

第二，作品的構圖用心經營，在飽滿中注意兼顧了虛實呼應與平衡對稱，十分成功。

第三，畫圖的設色比較樸實雅緻，寧取淡而有韻，也不追求華麗俗豔，把這套作品的格調提高了許多。

第四，人物造型雖注意到了把女人畫得白嫩些，男人畫得粗黃些，產生陰陽剛柔的對比，但是容貌上殊少變化，缺乏個性美，女子也畫得不夠嬌美媚人，這也顯出了畫家的才氣不足。

第五，畫中景物相當寫實，家具陳設都精確地畫出，如桌椅杌凳、床榻屏風、文房四寶、筆洗水盂，還有香箸桶、香爐、香盒、茶壺、茶具等等，都如實而繪，有助於我們對清朝富豪的居家生活有較為詳細的了解。

以下逐一介紹這套精緻的絹本春冊。

一、〈開春試筆〉（正月）

三陽開泰，萬象更新，春節來了，富紳家的紫檀牙子圈口翹頭案上，擺放著青銅彝器作裝飾，銅尊裡插著應節的黃梅、結著粒粒紅果的南天竹、翠柏蘭草，一片富貴喜氣。除夕夜晚交子時，放過開門爆竹，元旦就降臨了。

在古時候，元旦凌晨時讀書人要持筆濡毫，在紅紙上寫幾個吉祥字，祈求新的一年裡吉祥如意，稱「開春試筆」或「元旦書春」；一般是寫個「春」或「福壽」，或「萬事如意」等等。圖中的富商是個暴發戶，斗大的字識不得一籮筐，也要學文人來個開春試筆，但他所持的筆是一根七寸長的肉筆，他要在老婆的肚子上寫字呢！有山歌一首咏道：

死鬼老公不正經，
人家開春試筆他試莖；
腰裡挺著根硬幫幫的四不像，
要在奴家小肚子上寫一元復始萬象更新聖主臨
朝天下太平又逢春。

二、〈榻上持蓮〉（二月）

二月又稱「杏月」，因為紅杏在枝頭搶先開放，從含苞的深紅到綻放時的粉紅，只見花而不見葉，千朵萬

▍清人徐羕〈歲華韻事〉之正月〈開春試筆〉。

清人徐莞〈歲華韻事〉之二月〈榻上持蓮〉。

朵簇擠在枝間，美得讓人驚豔，真的是「紅杏枝頭春意鬧」啊。

可是戶外還是春寒料峭的時節，出門得穿棉襖長袍，想翻雲覆雨時最好還是在屋裡床上。圖中的富紳便披著長袍在華麗的黃花梨織錦緞面束腰美人榻上，與愛妾玩著「老漢推車」的把戲，他讓小妾雙手後撐仰躺，腰間墊著方枕，把屁股抬高，自己採跪姿，雙手夾持著她的小腿，像漢子推車一樣的往前聳動。此情此景讓人憶起一首淮南民歌：

日落西山雲打牆，
姐在房中擺戰場。
姐擺戰場郎出戰，
姐捏雙刀郎捏鎗。
一鎗兩鎗三鎗四鎗四九三十六鎗，
鎗鎗搠在小阿奴奴千葉頭牡丹花心裡，
小奴奴幾番死去又還陽。

三、〈桃花迎陽〉（三月）

三月裡春光明媚，綠草如茵，桃花盛放，柳條綻青。富貴人家的花園裡，矗起了一座屏風，屏風上畫著元人黃公望的山水，屏風前擺了一張紫檀長桌，桌上放了些裝飾的擺設，還有一本攤開的春冊。天地間到處春意盎然，看了春冊春心蕩漾的男女，就迫不及待地躺到地毯上白晝宣淫起來，完全不管觸犯天地神明的忌諱了，先快活再說。這樣的公然猥褻讓我想起了古人的一首詩：

桃花枝頭舞春風，
么嫂情熾邀郎通；
忙脫衣裳爬上去，
那管抬頭有天公。

四、〈坐懷索吻〉（四月）

時序來到梅雨四月天，外頭溼溼冷冷的，一般農家都忙著在家裡煮蠶繭治車繅絲，晝夜操作，或到郊外摘採菜花仔，送至車坊磨油，以待估客販賣；或忙著踩水車救旱田，照顧稻田新插之秧苗。可是富紳之家無事忙，依舊關起門來忙他那檔子事。

在富紳家的廳堂裡，右邊是黃花梨兩屜三架多寶格，架格上放著書函畫軸、古鼎香爐、瓷瓶瓷壺等裝飾性的古董，左邊一張紫檀嵌紋石束腰團花紋卡子花內翻馬蹄長桌上，放著香箸筒、香盒和一個仿青銅尊花瓶，裡面插著牡丹、薔薇、鳶尾花和一串枇杷，點明歲序已來到初夏的四月下旬。

外頭陰雨綿綿，富商只好在廳堂裡和愛姬做愛做的事，天氣早已暖和，他倆脫得一絲不掛，坐在一張黃花梨卷雲紋開光靠背椅上交歡；男人右腋夾著椅背搭腦，左手摟著女子坐上身來，任她把「榫窩」套進「榫頭」，自己磨蹭取樂。女子搖晃得快活欲仙，忍不住捧起男人的臉索吻，還想吃男人的舌頭。這光景讓人想起一首嶺南戀歌：

四月牡丹開滿園，
甘蔗榨汁蜜樣甜；
甘蔗沒有冰糖好，
冰糖再甜不及我郎君口水甜。

五、〈涼榻午眠〉（五月）

韶光來到了五月炎夏，五月榴花照眼明，富紳家的軒堂邊（畫面左上角）的石榴正開著火紅的花朵。天氣像榴花一樣火熱。但軒堂高爽，又有長松遮蔭，清風徐徐由軒前吹來，穿過側邊打開的窗戶而去，和外頭農家在炎日下揮汗車水、分秧插苗相比，這兒真是天堂一般的清涼世界啊。

富紳在軒中放了張斑竹細篾美人榻，脫得一絲不掛了躺上去睡個涼爽悠閒的午覺。榻後有屏風遮蔽，也不擔心春光外洩。沒想到睡到一半時，貪涼怕熱的寵妾也來脫光了睡。是床榻太小了嗎？她竟然不嫌熱地睡到了男人的身上；為免翻身時跌落，還劈腿張牝，把「榫窩」往「榫頭」對準套牢。富紳是天熱胃口不佳、中午沒吃飽嗎？此刻又捧著愛妾的豐乳吮吃了起來。這番光景讓人想起了一首有趣的顛倒歌：

清人徐莕〈歲華韻事〉之三月〈桃花迎陽〉。

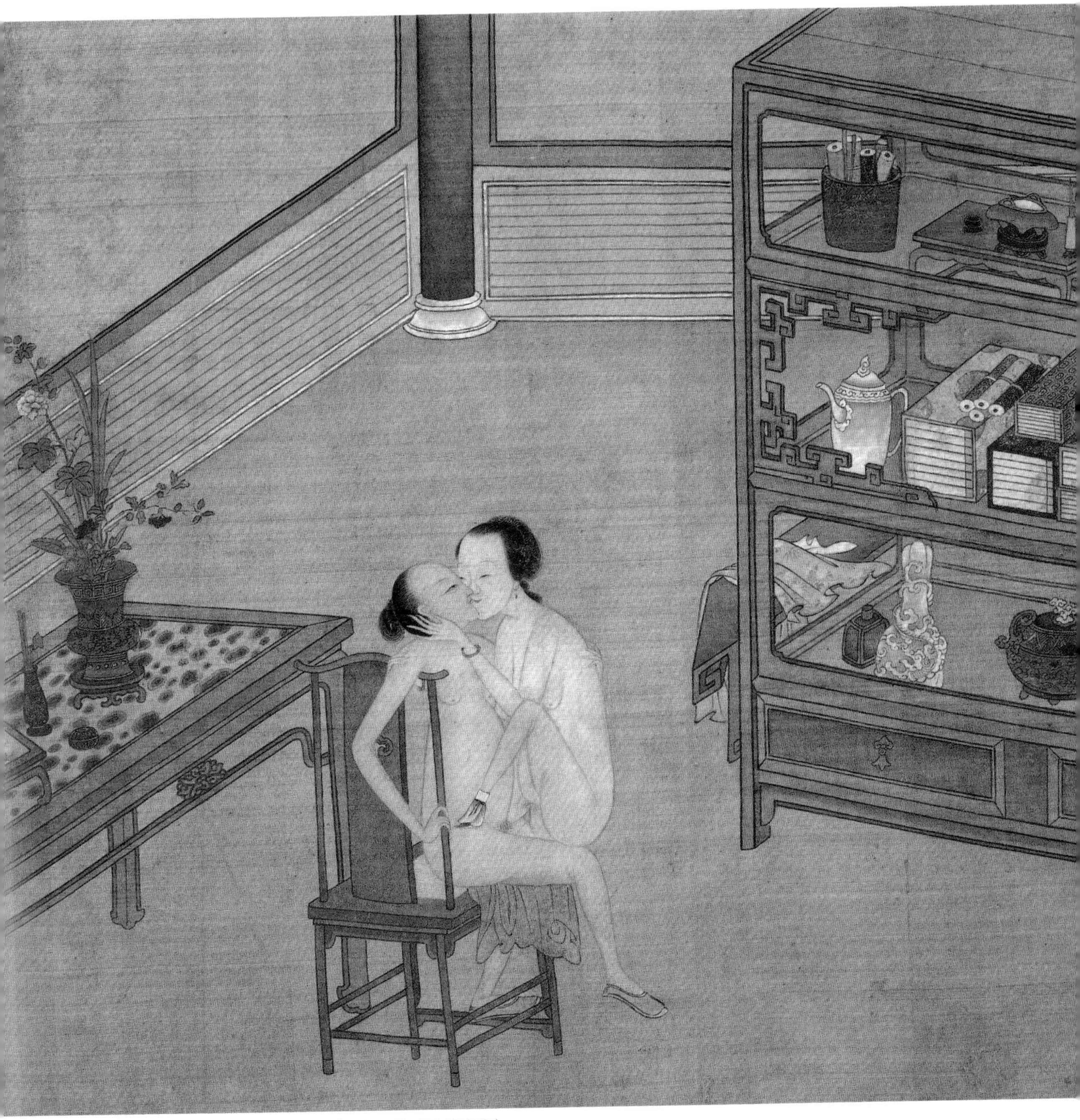

清人徐荛〈歲華韻事〉之四月〈坐懷索吻〉。

清人徐莹〈歲華韻事〉之五月〈涼榻午眠〉。

清人徐莞〈歲華韻事〉之五月〈涼榻午眠〉人物特寫。

日頭落了萬里黃，
兔子捉狗跑上崗，
母雞咬住公雞頭，
老鼠拉貓倒上梁，
乖姐睡在郎身上。

六、〈荷池搖槳〉（六月）

炎夏六月，荷花滿地，在大葉合歡和叢竹的樹蔭下，富紳鋪了張織錦涼席，與愛姬躺在上頭顛鸞倒鳳，悠閒追歡。

天氣太熱，倆人便全都脫得一絲不掛，反正是在自家後花園裡，也不必擔心有人偷窺。男的仰躺著，讓女子騎坐上身，要玩個「慢櫓搖樁」的姿勢。她跨坐到小船上，兩手撐舷，下身賣力的搖晃著，扮演個稱職的船娘。此情此景讓人想起了一首蘇州山歌：

郎把舵，姐撐篙，
郎若撐時姐便搖。

清人徐莘〈歲華韻事〉之六月〈荷池搖槳〉。

姐道郎呀：逆水裡篙只要撐得好，
郎若頭歪奴便艄（騷）。

七、〈瓜月破瓜〉（七月）

時序來到了新秋七月，畫堂前黃花梨雲頭紋圈口平頭案上的果盤裡，放滿了應時的鮮藕、蓮蓬、葡萄和青桃，另一邊的仿青銅番蓮花紋壺中，插著荷葉荷花，說明此時是殘夏早秋之際。

富紳又忙著做他愛做的事，但是花樣翻新；他跟愛妾玩膩了，這回把歪主意動到愛妾的丫環身上，要替她開苞。愛妾雖然吃醋捻酸，但為了討好丈夫，只能屈從。可是丫環頭一遭破瓜，難免怕羞怕疼，就拼命抗拒喊救命。誰來救她呀？主母不但不救她，還幫著丈夫扳住她的雙腿，把屁股翹高，讓他更方便強姦。丫環一臉驚懼，想用雙手推開男主人湊上來親吻的臉，色咪咪的男主人笑瞇瞇地說：

雞冠花開嫩又紅，

清人徐莞〈歲華韻事〉之七月〈瓜月破瓜〉人物特寫。

清人徐莞〈歲華韻事〉之七月〈瓜月破瓜〉。

主人採花自當從；
這是頭回初開交；
下次自然大不同。

抓住小丫環兩腿不放的婦人也和了一首民歌說：

鮮嫩箇小屄陰毛稀，
叫聲老爺子慢慢的；
小丫頭今年才十三，
容不下你那根七寸七，
再有兩年不怕你。

哀叫求饒聲和吟唱山歌的助興聲，惹來富紳家的小僮，好奇地躲在屏風後探臉，偷窺堂前蓆枕上這一場香豔的破瓜好戲。

八、〈桂堂偷香〉（八月）

八月仲秋，天氣漸漸涼了，人們穿起了長袖的袍子，但是草地還是綠的，樹葉也還沒轉黃枯萎。

富紳家的千金小姐，在閨房裡看書消閒。她看得倦累了，把書一拋，就躺在紅木架子床的織花涼蓆上睡個午覺。正巧情郎來到，看她睡得正香，就先把自己身上的衣褲脫光了，悄悄爬上床去，要來個「葉底偷桃」。竊玉偷香之舉，被情竇初開的丫環們查覺了，便悄悄靠近閨房外，要仔細聽裡頭上演的這齣好戲。有一首山歌吟咏此事道：

八月秋風拂綠楊，
小姐閨房午眠香；
俏郎君悄悄登榻要雲雨，
騷丫環連袂躡足窺春光。

九、〈跳窗幽會〉（九月）

時序已屆深秋，富紳家牆角樹根旁的一叢叢秋菊，開著黃白相間的小花。夜深人靜時分，富紳和他的愛妾在一場肉搏纏綿後，早已倦累得跌入夢鄉，但愛妾卻另有所

清人徐莞〈歲華韻事〉之八月〈桂堂偷香〉。

清人徐亮〈歲華韻事〉之九月〈跳窗幽會〉。

歡，趁丈夫熟睡後，悄悄走過燃著紅燭的桌旁來到洞窗邊，準備跳窗而出，要跟她的情郎幽會呢。

倆人都先脫光了下身預備著，預備匆匆打一炮就分手，因為時間緊迫啊，怕耽擱久了被別人發覺，那可就要大禍臨身了。

這番情景讓人憶起一首陝西歌謠說：

白果樹來白果尖，
白果開花不見天；
半夜開來半夜謝，
半夜夫妻不會甜。

十、〈露月扛藕〉（十月）

已經是暮秋初冬的十月天了，古人稱「露月」；晨起草地上有寒露，江南園林裡的竹子卻還是一片翠綠。富紳在凋謝盡淨的荷花池邊，架起了一座山水圍屏，擱一張籐榻，充作臨時休歇的地方，他的愛姬又來糾纏，討索風流帳。富紳便將籐榻權充陽台，與愛姬在榻上「白晝宣淫」起來；兩人只將一件繡袍充當褥子，其餘的衣裙衫褲都掛在一旁的黃花梨衣架的橫梁上。

富紳讓愛姬坐在榻邊，腰抵方枕，高舉雙足，自己站在榻前，用上臂撐起愛姬翹起的雙腿，像扛著一雙嫩藕似的，玩起了「掮藕」之戲。有一首蘇州民歌吟咏此事說：

熱天過了不覺又入秋，
姐兒圍屏裡繡榻上做風流；
一雙白腿扛來郎肩上，
就像橫塘人掮藕上蘇州。

十一、〈悍婦捉姦〉（十一月）

這幅畫的主題一目了然，描寫的是「悍婦捉姦」的故事，發生的時間則不夠明確，只從左下角矮方几上的一盆佛手瓜，知道它是晚秋瓜熟之後的事。佛手瓜有香味，耐貯不爛，只漸漸乾去，會散發出一股特殊的香味，所以常放在屋裡當擺設讓人聞香——這可以是九月，也可以是

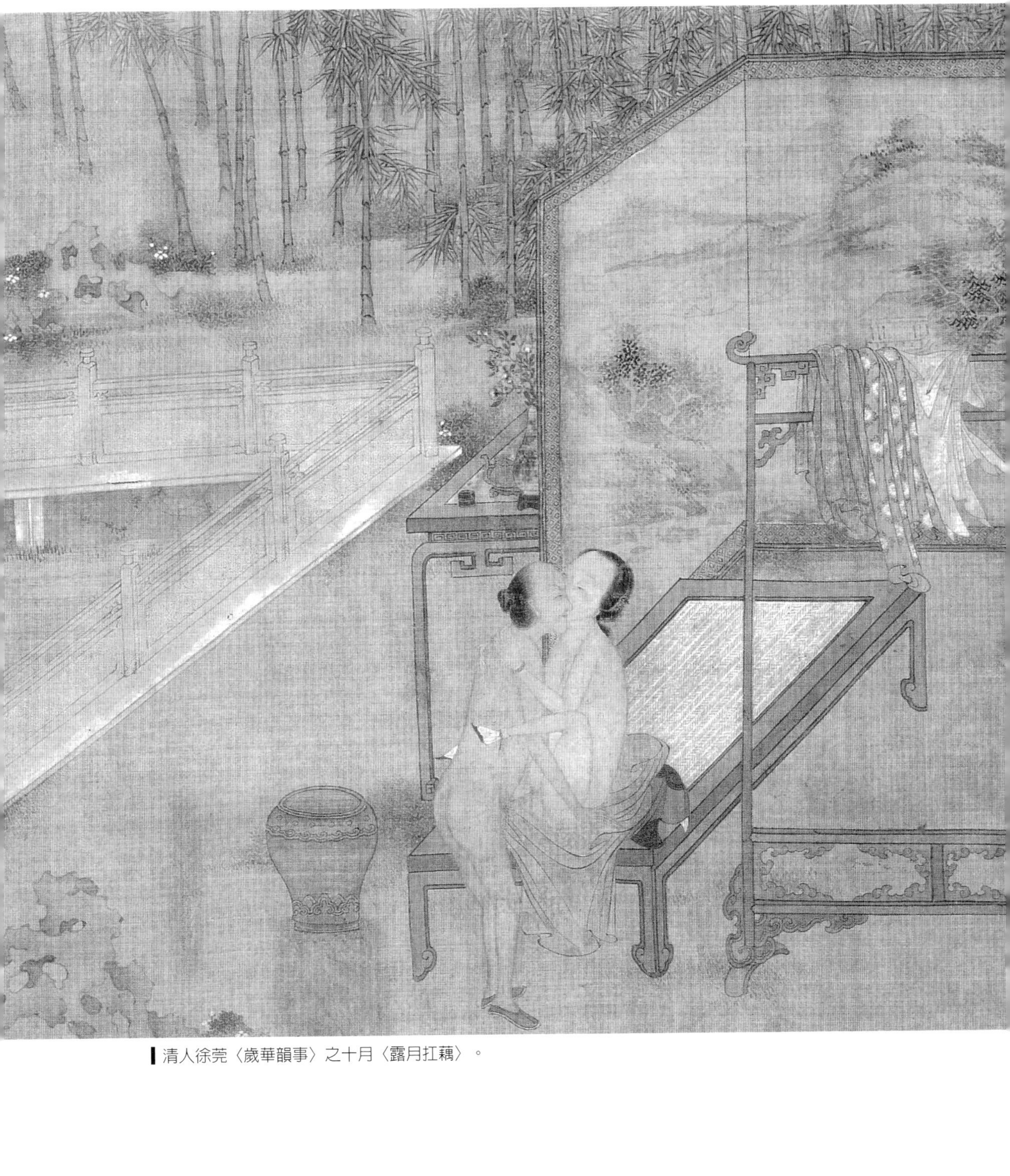

▍清人徐芫〈歲華韻事〉之十月〈露月扛藕〉。

清人徐莞〈歲華韻事〉之十一月〈悍婦捉姦〉。

十月、十一月，而右上角花瓶裡的那一束花又畫得不明確（像桂花？四季桂也可以在冬天裡開），因為其他月分都已有圖畫，所以姑且將「悍婦捉姦」的故事放在十一月。

這個故事有兩個版本。一是富紳包二奶金屋藏嬌，半夜幽會時被他老婆查覺了趕來捉姦。但是從悍婦只披了睡袍、光著下半身來看，像是從隔壁趕來的，富紳怎會把金屋安置在自家隔壁呢？於是出現了第二個版本。

第二種解釋是有錢孀婦與鄰人偷情，被情夫老婆察覺了趕來捉姦。這個婦人很有錢，從紫檀束腰織錦繡榻、榻上的大紅描金繡花坐墊、一旁的描金紅木衣架、閨閣外矮几上的斑竹筒擺滿畫軸、屋子考究的裝潢……，都可以知道她生活富裕。可是或許她丈夫早死、或許出門經商久久不歸，她在守活寡，於是便與好色的鄰居男子眉來眼去發生了姦情；但是紙包不住火，鄰婦半夜發現丈夫不在床上，持著行燈就趕來，當場捉姦在床，生氣地擰著丈夫耳朵把他抓回去，偷情男子狼狽得鞋子都只穿了一隻，褲子也不及穿好，真是沒面子。

可是，如果把畫中男子畫成頭低低的，而不是回望情婦，那就更生動了。

畫面右下角的器具應當是烘籠，肚子裡可以放一隻小火爐，把上面攤放的溼衣服烘乾，在冬天或雨天戶外不能晾曬衣服時使用，上個世紀五〇年代筆者小時候，家中還曾使用過它。

這一幅〈悍婦捉姦〉的有趣故事，也讓人想起一首江西民歌：

黃竹懷筍兜（根）靠兜，
你隻豬牯（公豬）死面厚；
別人老婆你想要，
好像餓狗食豬斗（槽）。

十二、〈臘冬掏火〉（十二月）

匆匆一年好景來到寒冬臘月，庭院裡的梅花盛開，地上積雪如波浪雲海，枯草從雪堆裡冒出，掙扎著等待春天。

富紳家的屋子裡卻是暖和的，因為生了一盆熊熊炭火。既然不冷，索性脫光了做愛做的那檔事。廳堂沒有床榻，只好借紫檀圓杌一用，把脫下的衣服堆放在杌面上，教婦人像母狗似地俯伏著，撅起屁股讓男人從身後「隔山掏火」。

「隔山掏火」也稱作「隔山搗火」。「隔山」是指陽具進出時隔著婦人兩團小山似的屁股，「掏」指抽出，「搗」指捅入，說的都是性交動作，「火」就是指婦人牝戶中那一團慾火了。這兩個描述「狗交」姿勢的名詞，在清朝時十分流行。

〈臘冬掏火〉一圖也讓人想起一首江南情歌道：

寒冬臘月梅花香，
熊熊炭火春意昂，
姐道郎呀：我一身白肉任君盡情耍，
郎說：看我箇紅霞仙杵隔山搗火忙。

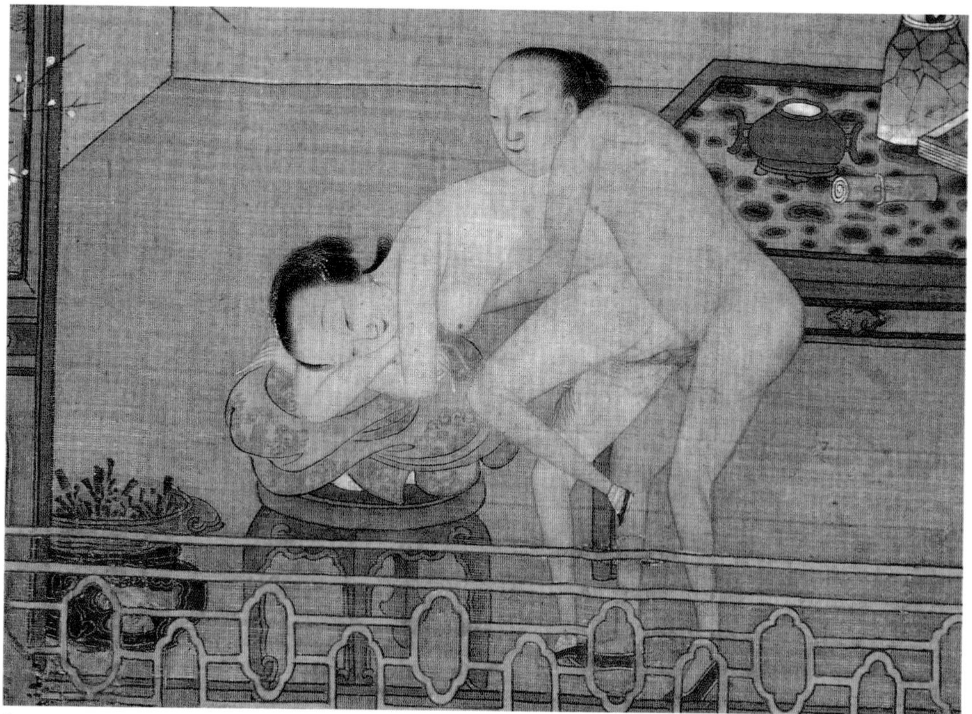

清人徐莞〈歲華韻事〉之十二月〈臘冬掏火〉人物特寫。

清人徐莞〈歲華韻事〉之十二月〈臘冬掏火〉。

第九講

清乾隆年間紙本《金瓶梅》插畫

在《春夢遺葉》（Dreams of Spring）一書中，刊載了十二幅《金瓶梅》插畫的紙本春宮冊頁。這個冊頁的尺寸是三十七乘三十二公分。原書作者沒有說明繪畫的年代，只說它是「仿明」的春宮，繪製的時間晚於明朝；我以為它應當是清朝乾隆年間（西元一七六〇年左右）的作品。

《金瓶梅詞話》在明神宗萬曆四十五年（西元一六一七年）問世以後，陸續有畫家為這本曠世巨著畫插圖。我看過的就超過十種以上；有單色木刻版畫，也有紙本、絹本的彩畫。

總的來說，這套冊葉畫得算是精緻了，在構圖上十分用心，人物造型和線條筆力都在水準之上，只是畫風筆觸精緻得有些呆板，變成圖案化了，像床上的織錦床褥畫得像用尺量，沒有考量到人體重量壓上去彎曲而不規則；此外，人物的表情也缺乏變化，男女之間沒有眼神的互動，看不出做愛男女的激動情緒。這也是大多數中國春畫的缺點，顯示出畫家的素描功力不夠、才氣不夠。

如果我們再回頭仔細去看看本書第四講的〈剃毛圖〉，看畫中男女的臉部表情，你就知道何謂畫家的「才氣」，你就知道怎樣才算是一幅動人的春畫。

《春夢遺葉》對此十二幅《金瓶梅》插畫的解釋有一半是錯的（男主角不是西門慶、女主角也不是潘金蓮），有些圖彼此之間也沒有關聯，不是《春》書作者所說的「接下來」、「當晚」或「第二天早上」，因為兩圖之間的背景時間差異過大，不可能上一圖背景開著桂花（八月），下一圖桌上花瓶裡插著蓮花（六月）。

這十二圖絕不是講一個幾天內發生的緊湊故事，而是從一百回近八十萬字的原書，挑選了十二個場景故事來描繪。原書的主要故事發生於北宋徽宗政和三年（西元一一一三年）至宣和元年（西元一一一九年）的七年間，在這七年裡，潘金蓮把丈夫武大郎毒死，到情夫西門慶家作五妾，最後被武松殺死；李瓶兒從西門慶的情婦變成他的六妾，最後夢見前夫花子虛來討公道而病死。西門慶從四處獵豔的花花公子，到最後服春藥過量脫陽而死。

這十二幅插圖是講述不同年份裡各自獨立的某個情節，要一一正確找出它是《金瓶梅詞話》第幾回當中的那一個故事，當然得下功夫。如果只簡化成幾天之內發生的事情，說成像西門慶與潘金蓮性史的連環圖，就失之粗疏欠學了。

因為解釋不當，《春夢遺葉》一書安排這十二圖的順序也就欠妥，以下要按原圖描述故事的早晚來重新排列，並一一加以說明這些插圖中描述的男女究竟是誰？他們究竟在幹什麼？這件事發生於什麼時候？為什麼我們可以確信這樣的解讀是正確的，而《春夢遺葉》的作者可能弄錯了？所有的解釋都奠基於筆者熟讀《金瓶梅詞話》原著，對於這一百回故事的情節瞭若指掌。

以下是我對這十二張《金瓶梅》插畫的詮釋。

一、〈李瓶兒隔牆密約〉

這是《金瓶梅詞話》第十三回裡的故事，說宋徽宗政和四年（西元一一一四年）重陽節這天，花子虛請西門慶、應伯爵、謝希大、祝日念、孫寡嘴等人來家中喝酒賞菊。花子虛老婆李瓶兒指使丫環秀春找機會暗暗告知西門慶，少喝點酒，早些回家，在隔牆等候暗號（西門慶家與花子虛家後花園僅一牆之隔）。

眾人喝到掌燈之後，西門慶先告辭而去，李瓶兒慫恿丈夫和酒友們到妓院續攤過夜。等丈夫和其他客人離去後，又趕緊叫丫環迎春去牆頭架梯子，讓西門慶翻牆過來，兩人攜手入房去幽歡。圖中下方太湖石前菊花盛開，西門慶拉著李瓶兒的手急欲進房，李瓶兒手指牆的那邊，像是在問西門慶他家裡的人可知道此事。

《金瓶梅》第十三回插畫〈李瓶兒隔牆密約〉。

《春夢遺葉》一書作者解讀此圖為大老婆吳月娘規勸西門慶不要沉湎酒色，以致戕害健康，西門慶面露不悅之色，這樣的解說不具說服力。

二、〈潘金蓮私觀春畫〉

這也是《金瓶梅詞話》第十三回裡的故事，書上說西門慶從情婦李瓶兒那裡借回家一卷春畫，是她丈夫花子虛的伯父在朝中當太監時，從皇宮裡偷出來的珍寶；西門慶拿給五妾潘金蓮看，潘氏一見就愛不釋手，當場耍賴強佔了，不還給李瓶兒，兩人在閨房中細細展玩，以為煽情助興之具。

《春夢遺葉》對此圖的解讀無誤，但未指明原書所說的是一個「手卷」，插畫卻畫成了「冊頁」，這麼大的冊頁，西門慶是不可能從袖中取出向潘金蓮現寶的。

三、〈西門慶謀財娶婦〉

這是《金瓶梅詞話》第十六回裡的故事，描繪花子虛的未亡人李瓶兒與奸夫西門慶在家中雲雨偷歡的情景。第十六回書上說：「原來李瓶兒好馬爬著，教西門慶坐在枕上，她（在上）倒插花，往來自動。」這時西門慶還沒把這位風騷的寡婦娶回家，而是溜到花家去，讓李瓶兒跨坐到自己身上來玩「倒澆蠟」，欣賞她的淫蕩風騷。

中國古典情色小說常用女上位的「倒澆蠟」來刻劃淫蕩的女性，在一百回《金瓶梅詞話》中，與西門慶玩這個姿勢的只有兩個女人，一是李瓶兒、一是潘金蓮，兩人都是丈夫在世時就與西門慶通姦，丈夫死後才改嫁情夫，蘭陵笑笑生特別在書中只安排她倆與西門慶「倒澆蠟」，跨坐在男人身上自動取樂，可謂別有深意。

這幅插圖有沒有可能如《春夢遺葉》作者所說：「是描寫潘金蓮坐在西門慶身上的情景」呢？不可能。

《金瓶梅詞話》中描寫到女上位「倒澆蠟」的性愛場面共有五處，分別是第十六回（西門慶與李瓶兒）、第五十一回（西門慶與潘金蓮）、第七十二回（共兩次，均為西門慶與潘金蓮）、第七十九回（西門慶與潘金蓮）。

為什麼這幅插圖中的女子一定是李瓶兒，而不是《春夢遺葉》作者所指的潘金蓮呢？

《金瓶梅》第十三回插畫〈潘金蓮私觀春畫〉。

《金瓶梅》第十六回插畫〈西門慶謀財娶婦〉。

因為插圖中左上方月窗外的大花瓶裡插著紅山茶和南天竹（小紅果），表明了故事發生在冬天——從十一月下旬到正月下旬都有可能。

憑這一線索，再看看上述五次女上位性愛發生的時間，第五十一回發生於四月十九，不可能；第七十二回的兩次發生於十一月二十五日，時間吻合了，但一次西門慶的陽具上套著銀托子、一次紮著白綾帶子，而圖中西門慶的陽具上沒這些淫具，所以也不對。

第七十九回故事發生於正月十三日，但西門慶也是紮了白綾帶子的，所以還是不對。

只有第十六回裡，西門慶與李瓶兒偷姦時，陽具上沒戴任何東西，而故事發生在正月十五元宵節，統統吻合，所以這幅插圖的女主人是李瓶兒而非潘金蓮，畫的是原書第十六回〈西門慶謀財娶婦〉的故事。

四、〈西門慶金盆洗屌〉

這也是《金瓶梅詞話》第十六回裡的故事，形容李瓶兒和丫環迎春在家中，伺候西門慶前來偷情的光景，但是卻是出於畫家的想像、或臨摹哪一幅古畫，在《金瓶梅詞話》一書中並沒有這樣的情節。從畫中男女衣衫整齊來看，我猜想應該是描繪李瓶兒馬爬在西門慶身上「倒澆蠟」之後，淫水遺精把西門慶胯間弄得一片腌臢狼藉；西門慶辦完事穿好衣服準備回去時，細心的李瓶兒（天下的小三都很細心）擔心情夫回去後遭五妾潘金蓮質問嗔怪，就叫丫環迎春在西門慶臨走前，替他把那話兒在金盆裡洗乾淨，徹底湮滅證據；絕不是《春夢遺葉》所解釋的：西門慶從小妾房中回正妻吳月娘房中，吳月娘嫌他髒，要丫環（玉簫）替她把丈夫那話兒洗淨，才肯跟丈夫敦倫。

因為在《金》書中，西門慶的妻妾從不曾一起跟丈夫雲雨玩雜交朋淫之遊戲，也沒有某妾和她的貼身丫環，一起在床上伺候西門慶的描寫；前者因互相吃醋、後者因主僕身分不同，都不可能。

所以西門慶看上潘金蓮身邊丫環春梅，潘氏就說：「既然如此，明日我往後邊坐，一面騰個空兒，你自在房中叫她來，收她便了。」這是第十回裡的情節，書上說：「到次日，果然婦人往後邊孟玉樓房中坐了，西門慶叫春梅到房中，春點杏桃紅綻蕊，風欺楊柳綠翻腰，收用了這

《金瓶梅》第十六回故事〈西門慶金盆洗屌〉。

妮子」。

後來第二十七回裡潘金蓮醉鬧葡萄架時，她是兩腳被吊栓著，西門慶故意摟著丫環春梅來羞辱她，也沒有在她面前與春梅做愛。潘氏與春梅一同在床上跟西門慶交歡的情節也從不曾出現。

所以《金》書第十八回說：「西門慶……叫春梅篩酒過來，在床前執壺而立，將燭移在床背板上，教婦人（潘金蓮）馬爬在他面前，那話隔山取火，托入牝中，令其自動，在上飲酒取其快樂。婦人罵道：『好個刁鑽的強盜，從幾時新興出來的例兒，怪刺刺教丫頭看答著，什麼張致（成何體統）？』」

西門慶回答說：「我對妳說了罷，當初妳瓶姨（李瓶兒）和我常如此幹，叫她家迎春在旁執壺斟酒，倒好耍子。」

因為這一段話，所以我研判這幅插畫是描繪西門慶在花子虛家偷姦李瓶兒，完事之後，穿好衣服準備離去；守寡的瓶兒穿著藍白色的孝服，在飽吃一頓後，扶摟著被榨乾了的情夫，讓丫環迎春幫忙把情夫那話兒洗淨。

此情此景讓人想起一首民歌說的：

情郎哥，轉身來，
雞巴洗乾淨了再回去；
回去就把好聽的哄，
千萬別說跟奴家肏屄的話。
萬一說溜了嘴，
那時節，郎受嘟囔奴挨罵。

再說3P雜交之戲，這是防丫環出去亂說、洩露了姦情。第十六回裡李瓶兒紅杏出牆與西門慶幽歡，第八十二回裡西門慶死後潘金蓮與女婿經濟偷情，都曾主動要求情夫把自己丫環也玩到手。也因為偷情就是無恥了，與丫環一起讓男人玩的無恥勾當也就無所謂了。所以《金》書第八十三回裡才有「婦人（潘金蓮）便赤身裸體，仰臥在一張醉翁椅上兒，經濟亦脫得上下沒條絲，也對坐一椅，拏春意二十四解本兒，在燈下照著樣兒行事。婦人便叫春梅：『妳在後邊推著妳姐夫，只怕他身子乏了。』那春梅真個在身後推送經濟那話插入婦人牝中。往來抽送十分暢美……」

這張「洗屌圖」插畫可不可能是描寫潘金蓮與丫環

春梅一同伺候陳經濟的故事呢？不可能。第一，經濟沒有作官，不敢在老丈人面前穿得如此體面；第二，陳經濟偷姦丈母娘與其丫環、三人醉翁椅上淫樂之事，發生於重和元年（西元一一一八年）的八月十六、七日，而圖中窗外桃花盛開，表示是三月的事情。《金》書第十六回說政和五年（西元一一一五年）三月初十，花子虛百日忌，李瓶兒燒靈待改嫁西門慶，所以我說此圖是〈西門慶金盆洗屌〉，而非〈陳經濟金盆洗屌〉。

五、〈潘金蓮紈扇撲蝶〉

這一張插圖描繪得很空泛，不容易找出是《金瓶梅詞話》第幾回裡的故事，不像〈潘金蓮醉鬧葡萄架〉，一看就知道是二十七回。《春夢遺葉》作者以為此圖畫是西門慶、李瓶兒在觀賞一把畫了春宮的扇面，接著兩人便將要成就「好事」。

可是《金瓶梅詞話》裡並沒有這樣的情節，只說李瓶兒家藏「畫卷子」，兩人點著燈在帳子裡「照本宣科」，沒有提到「在花園看春畫扇面」，而且仔細看畫中女子手持的紈扇，畫得也並非妖精打架。

我以為畫中男女是陳經濟與潘金蓮。《金》書第十九回說，宋徽宗政和五年（西元一一一五年）八月初旬，西門慶家中的花園捲棚裝修油漆完畢，吳月娘準備了酒餚細果，領著李嬌兒、孟玉樓、孫雪娥、潘金蓮，在新花園裡遊賞宴樂，書上說：「吳月娘還與李嬌兒、西門大姐（西門慶女兒）下棋，孫雪兒與孟玉樓卻上樓觀看，惟有（潘）金蓮且在山子前、花池邊，用白紗團扇撲蝴蝶為戲。不妨（料）經濟悄悄在她身背後觀戲，說道：『五娘，妳不會撲蝴蝶兒，等我替妳撲這蝴蝶兒，忽上忽下，心不定，有些走滾。』那金蓮扭回粉頸，斜瞅了他一眼，罵道：『賊短命，（萬一別）人聽著，你待死也！我曉得你也不要命了。』那陳經濟笑嘻嘻，撲近她身來，摟她親嘴，被婦人順手只一推，把小夥兒推了一交……」

這是描寫女婿調戲丈母娘的情景，為日後兩人勾搭成姦預先鋪寫。對照此插圖，梧桐葉亦為秋天景緻，所以我以為此圖描畫的是陳經濟與潘金蓮，不是子虛烏有的西門慶、李瓶兒觀春畫扇面。

《金瓶梅》第十九回插畫〈潘金蓮紈扇撲蝶〉。

六、〈西門慶摟撫潘金蓮〉

《春夢遺葉》作者說畫中男女是西門慶與潘金蓮在書齋中調情，人物說對了，沒說出自《金瓶梅詞話》之何處。我以為是書中第十九回的情節。

接上圖潘金蓮在新花園裡紈扇撲蝶，女婿陳經濟摟著調戲，天快黑時，出門赴宴的西門慶回來了，大夥兒一聽說男主人回來，都往後邊房裡走避，只有潘金蓮與春梅留在花園亭子上收拾杯盤。西門慶直接到花園，問知她們白天賞園之事，書上說：

> 西門慶吩咐春梅：『把別的菜蔬都收下去，只留下幾碟細菓子兒，篩一壺葡萄酒來我吃。』坐在上面椅子上，因看見婦人上穿沉香色水緯羅對衿衫兒，五色縐紗眉子，下著白碾光絹挑線裙子，裙邊大紅光素緞子，白綾高底羊皮金雲頭鞋兒，頭上銀絲鬏髻、金廂玉蟾宮折桂分心翠梅鈿兒，著許多花翠，越顯出紅馥馥朱唇、白膩膩粉臉，不覺淫心輒起，攙著她兩隻手兒，摟抱在一處親嘴。……西門慶又玩弄婦人的胸乳，婦人一面摘下擦領子的金三事兒來，用口咬著，攤開羅衫，露見美玉無瑕、香馥馥的酥胸、緊揪揪的香乳，揣揣摸摸良久……。

這段文字是描寫潘金蓮水性楊花的天性，白天才跟陳經濟摟抱親嘴，晚上就和西門慶露乳調戲。看圖中圓窗外兩側桂花盛開，左前方雞冠花、右下角鳳仙花開，亭子裡的長桌上瓶插著秋海棠，說明此時為陰曆八月，也跟《金》書十九回說「八月初旬」相吻合。

七、〈吳月娘拜斗焚香〉

《春夢遺葉》作者說此圖是西門慶、潘金蓮到花園賞玩早春之花，不對。這是《金瓶梅詞話》第二十一回開頭，吳月娘逢七拜斗焚香，夜禱穹蒼保佑丈夫早早回心，不要流連娼家，早生一子以傳宗接代的情節。書上說：

《金瓶梅》第十九回〈西門慶摟撫潘金蓮〉。

《金瓶梅》第二十一回插畫〈吳月娘拜斗焚香〉。

> 話說西門慶從院（妓院）中歸家已一更天氣，到家門首，小廝叫開門，下馬踏著那亂瓊碎玉，到〔於〕後邊儀門首，……只見丫環小玉放畢香桌兒，少頃，月娘整衣出房，向天井內滿爐炷了香，望空深深禮拜祝道：「妾身吳氏作配西門，奈因夫主流戀煙花，中年無子，妾等妻妾六人，俱無所出，……祝贊三光，要祈保佑兒夫早早回心，棄卻繁華，齊心家事，不拘妾等六人之中，早見嗣息，以為終身之計，乃妾之素願也。」……
>
> 這西門慶……聽了月娘這一篇言語。口中不言，心內暗道：「原來一向我錯惱了她，原來她一篇（片）都為我的心，倒還是正經夫妻。」一面從粉壁前扠步走來。抱住月娘，……說道：「我的姐姐，我西門慶死不曉的，妳一片都是為我的，一向錯見了，丟冷了妳的心，到今悔之晚矣。」

此圖中畫著花園裡臘梅、紅山茶開花，也是冬天景象，與第二十一回所云「踏著那亂瓊碎玉」是吻合的；就更不用說男女都穿著厚袍，彼此互相緊摟、深情流露了。

八、〈潘金蓮午睡　西門慶偷香〉

此圖《春夢遺葉》原書作者說是潘金蓮看了春宮冊頁（本講第二圖）後慾火中燒，與西門慶雲雨交歡。按此說有誤，因為兩人看春冊而後照本宣科，是《金瓶梅詞話》第十三回之情節，書上說：「晚夕，金蓮在房中香薰鴛被、款設銀燈、豔粧澡牝，與西門慶展開手卷，在錦帳之中效于飛之樂。」

但上面這段故事發生於暮秋九、十月間，而此圖左側桌上花瓶插著玫瑰，卻是夏天的光景，不符；此外，書上說兩人在錦帳中敦倫，也與此圖在羅漢床榻上雲雨交歡不符。

我認為此圖應是《金》書第二十九回的故事，發生於北宋徽宗政和六年（西元一一一六年）六月上旬。書上說：

> 西門慶……來到金蓮臥房中，掀開簾櫳進來，看見婦人睡在正面一張新買的螺鈿床上，……婦人

《金瓶梅》第五十回插畫〈西門慶試用胡僧藥〉。

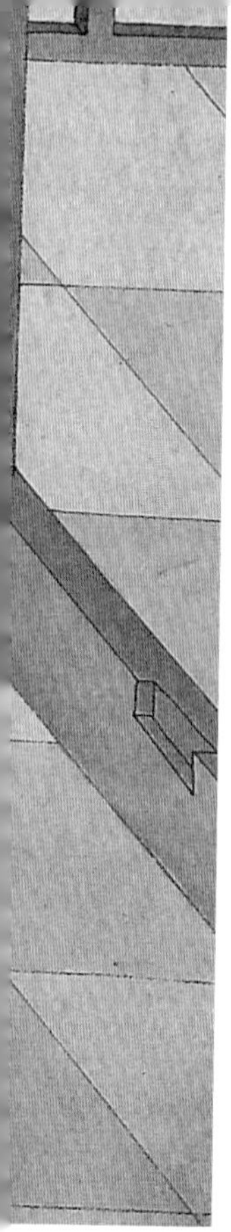

以插陰戶，此圖會不會是描繪西門慶以淫藥塗在龜頭上，以「隔山搗火」的姿勢玩婦人的牝戶呢？

《金瓶梅詞話》中，西門慶用淫藥玩婦人的情景共有四處，但第二十七回「潘金蓮醉鬧葡萄架」，是讓婦人仰躺吊起雙腿來玩的，與此圖不符；第五十一回是潘金蓮騎在西門慶身上玩的，也與此圖不符；第六十一回說：「西門慶……將婦人（潘金蓮）仰臥朝上，那話上使了粉紅藥兒頂進去」，姿勢還是不對；只有第五十回才是「隔山搗火」的姿勢。書上說：

> 西門慶用燒酒把胡僧藥吃了一粒下去，脫了衣裳，上床和老婆（王六兒）行房，坐在床沿上，打開淫器包兒，……把胡僧與他的粉紅膏子藥兒盛在個小銀盒兒內，捏了有一厘半兒來，安放在馬眼（尿道口）內，登時藥性發作，那話暴怒起來，露稜跳腦，凹眼圓睜，橫觔皆見，色若紫肝，約有六、七寸長，比尋常分外粗大。……西門慶於是把老婆倒蹶（翻身蹶股）在床，那話頂入戶中，扶其股而極力搧磞（拍打屁股），搧磞的連聲響亮……。

但書上說西門慶塗了胡僧藥與王六兒在「狗交」之前，先玩了一會兒男上女下、男仰女俯的「霸王壓頂」，而後才是此圖所描繪的姿勢，情節仍有些不符；只能說畫家所畫者取其大意而已，所以原書描繪兩人在床上玩的，也改成了在地上。

圖中王六兒面前的那一條紅絲巾亦是事後擦拭下體之用的「陳媽媽」，如此昂貴的絲巾拿來當「了事帕」，亦可見富貴人家之淫奢了。

十、〈潘金蓮纏腳換睡鞋〉

這是《金瓶梅詞話》一書第五十二回裡的故事，書上說：「西門慶……見婦人（潘金蓮）脫得赤條身子，坐著床沿，低垂著頭，將那白生生腿兒橫抱膝上纏腳，換剛三

《金瓶梅》第五十二回插畫〈潘金蓮纏腳換睡鞋〉。

寸、恰半窄（拇指食指張開之長度稱『一窄』，約六寸，半窄即三寸）大紅平底睡鞋兒。西門慶一見，淫心輒起，麈柄挺然而興，……一手摟過婦人在懷裡，因說：『妳達今日要和妳幹個後庭花兒，妳肯不肯？』」

此圖中的婦人雖畫得仍穿著衣褲，非如書中所云「脫得光赤條身子」，但畫家可以用「雅馴」的理由稍作改動，畫得含蓄些；此外，插圖就十分忠實原書所述了。因為丈夫淫心輒起，從身後摟抱捫乳，攪擾得潘金蓮春心蕩漾，把一隻剛要穿上的大紅平底睡鞋失手掉落到床前丈夫的鞋子裡，這等細節都細心繪出，具見畫家的縝密用心。

十一、〈西門慶歪纏孟玉樓〉

《春夢遺葉》作者說不知此圖中女子是誰，我以為是《金瓶梅詞話》第七十五回裡，西門慶與三老婆孟玉樓之間的事。

書上說西門慶在大老婆吳月娘處喝了酒後，到三老婆孟玉樓房裡求歡，「西門慶嘴揾著她香腮，（孟玉樓）便道：『吃得那爛酒氣，還不與我過（閃）一邊去！人（指她自己）一日黃湯辣水兒誰嘗嘗著來？哪裡有什麼神思且和你兩個纏？』」說她一天都沒吃東西，沒心情做愛。

這段故事發生在宋徽宗政和七年（西元一一一七年）十一月二十九日，與圖畫中的臘梅（上方窗外）、水仙（圖右側撇腿三足花臺上）盛開時節也相吻合。

十二、〈潘金蓮醉摟陳經濟〉

這一幅插圖的人物與本書第二講「三張明朝中葉的春畫」當中之一的〈秉燭捫燭圖〉相同，可知是仿作，但也可以在《金瓶梅詞話》中找到相似的情節，可以看作是潘金蓮和丫環春梅與西門慶女婿陳經濟偷情的描寫。《金》書第八十三回說：

> 中秋八月十六、七日，月色正明，……（陳）經濟推開門，挨身進入到房中，婦人（潘金蓮）迎門接著，笑語說道：「好人兒，就不進來走走。」經濟道：「彼此怕是非，躲避兩日兒，不知您老人家不快，有失問候。」……。
>
> 兩個坐下，春梅關上角門，房中放桌兒，擺上酒肴，婦人和經濟並肩疊股而坐，春梅打橫，把酒來斟，穿杯換盞，倚翠偎紅，吃了一回，擺下棋子，三人同下鼈棋兒，吃得酒濃上來，……婦人便赤身露體，仰臥在一張醉翁椅上兒，經濟亦脫得上下沒條絲也，對坐一椅，拏春意二十四解本兒，在燈下照著樣兒行事。婦人便叫春梅：「妳在後邊推著妳姐夫，只怕他身子乏了。」那春梅真個在身後推送經濟那話插入婦人牝中……。

前面第四圖〈西門慶金盆洗屌〉中已說過，《金》書中不見主母丫環一同伺候男主人的場面，只有主母偷人時，才會與丫環一同伺候情夫。

這種事情出現兩次：一是花子虛老婆李瓶兒與丫環迎春一同和情夫西門慶偷姦；一是西門慶老婆潘金蓮與丫環春梅一同伺候女婿陳經濟（西門慶女兒、西門大姐的丈夫）。此圖比較不像是描繪李瓶兒、迎春偷情西門慶，因為那是三月間的事，而圖中桌上花瓶裡插著荷花，把它放到中秋夜間之事比較說得通。

《金瓶梅》第七十五回插畫〈西門慶歪纏孟玉樓〉。

《金瓶梅》第八十三回插畫〈潘金蓮醉摟陳經濟〉。

第十講 清乾隆中葉仿仇英絹本《金瓶梅》插畫

清人仿仇英〈堂前拒歡〉，描繪《金瓶梅》第三十三回西門慶與李瓶兒故事。

在《樂園》（*Gardens of Pleasure*）一書頁一二七至一三一上，刊載了三幅清朝乾隆年間仿明人仇英畫風的春畫，收藏者是荷蘭人費迪南・伯索雷（Ferdinand M. Bertholet），原畫冊共十二開，尺寸是四十一公分乘三十八公分。

《樂園》作者說它是根據今已佚失的明人仇英春冊繪製的《金瓶梅》插畫，但是這樣說易生誤解；因為仇英在世時，《金瓶梅》一書尚未誕生，他如何畫《金瓶梅》插圖？應該說這個冊頁是用仇英人物畫風格來繪製的《金瓶梅》插畫，而繪製的年代大約在清朝乾隆中葉（西元一七六五年左右），繪者姓名不詳。

這十二張絹本春畫是根據仇英的什麼作品摹仿繪製的？《樂園》作者沒有說；我猜是仇英的〈燕寢怡情〉二十四開圖冊。這個冊頁至今仍未佚失，收藏者是法國人路西恩・畢登（Lucien Biton）。〈燕寢怡情〉圖冊描繪的是富豪權貴在家中與妻妾尋歡作樂的二十四樁生活情趣，與《金瓶梅詞話》的內容毫不相干。

〈燕寢怡情〉圖冊中有一幅〈堂前拒歡〉，描繪男子在堂前欲解婦人之衣帶，婦人正舉右手簪花，忙以左手向外指，似乎說外頭有人。這張圖畫與伯索雷收藏的這個十二開絹本仿仇英《金瓶梅》插畫中的一幅相同，看得出摹仿的關係。

二十開〈燕寢怡情〉圖冊我看過其中的九幅，在《雲雨》（*Chinese Erotic Art*）一書中刊載了兩幅，一是〈堂前拒歡〉，一是〈花園私語〉，描繪男女在花園的一張方几前並肩而立，男攬女肩，像在輕訴衷情。因為黑白圖片不夠清楚，不知道是不是描繪「七夕乞巧」（農曆七月初七夜晚，在庭前置一水碗，以繡花針置於水面，觀察碗底針影以決定女子運勢好壞）之俗。

另外，在《中國的藝術與愛情》（*L'Art Et L'Amour Chine*）一書中，則刊載了下列七幅：

一、〈花枝戲蓮〉，女子裙襬被玫瑰花枝勾住，露出三寸金蓮，男子在後頭指指點點，調笑戲謔。

二、〈擊鼓傳花〉，花園中一丫環擊鼓行令，男子與三名妻妾圍坐筵前傳花賭酒，鼓停時，花枝在誰手中，誰就需飲罰酒一杯。

三、〈潛足聽淫〉，臥房內床帳低垂，床前擺著男鞋、女鞋各一雙，一丫環悄悄來到臥房外側耳傾聽。

四、〈良人晝寢〉，畫男子躺在醉翁椅上午睡，妻妾二人聯手捉弄，以一根草莖捻弄丈夫的鼻孔，打算把丈夫鬧醒了，方便白晝宣淫。

五、〈胭脂塗唇〉，花園涼軒圍欄前，婦人戲用自己的胭脂為丈夫塗唇。

六、〈戲弄金蓮〉，婦人坐於床前纏足，男子戲將一隻繡鞋搶走，不讓她好好纏足。

七、〈且莫繡花〉，男子拉著正在堂前繡花的婦人，打算拉她去臥房雲雨，女子左手拉著堂前欄杆，作勢不從。

這九幅仇英的作品都畫得含蓄，耐人尋味，離「肉貼肉」還有一大段距離，嚴格說起來，算不上是「春畫」。有些圖畫還表現出宋詞元曲所描繪的情趣，像〈且莫繡花〉一圖讓人想起宋人楊師純的〈清平樂〉：

羞蛾淺淺，秋水如刀剪，窗下無人自針線，不覺郎來身畔。　相將攜手鴛幃，匆匆不許多時，耳畔告郎低語，共郎莫使人知。

這正符合仇英春畫注重意境、強調意淫的傳統印象，說明〈燕寢怡情〉屬於仇英的典型作品。

回過頭來說這三張清乾隆中葉仿仇英的絹畫。因為十二張只看到三張，〈燕寢怡情〉二十四張也只看到九張，彼此相同的只有一幅，我們不知道十二張抄襲〈燕寢怡情〉圖冊的程度，有機會將這兩個冊頁三十六張圖仔細比較研究，是個很有意思的研究課題。

這三幅仿仇英絹畫的構圖嚴謹考究，畫風精麗細緻，確有明人仇英的架勢，但人物造型、臉孔表情都顯稚嫩，不夠老練傳神。圖中太湖石、婦人衣袍所使用的寶藍色顏料十分刺眼，把仇英的古色古香打了一個很大的折扣，讓人一看就知道它是清人仿古畫。

以下逐一介紹這三幅絹畫。

一、〈堂前拒歡〉

臥房前的廳堂上，穿淡青繡袍的男子正伸手去解一簪花婦人的袍帶，打算跟她到臥室去敦倫。婦人用左手食指向外指指，像是要他到別的小妾房中去睡。臥房前的紫

明人仇英〈燕寢怡情〉圖冊中的〈堂前拒歡〉。

明人仇英〈燕寢怡情〉圖冊中的〈花園私語〉。

檀方桌上放了一大盤聞香用的佛手柑，說明此時已入深秋初冬，牆上有一幅「牡丹圖」（那不應該是一扇方窗、窗外牡丹盛開，因為如果是窗子，左側不應該露出床帳才對）。

這是描繪《金瓶梅》書中那一回裡頭的故事？這對男女究竟是誰呢？我以為《金瓶梅詞話》第三十三回裡西門慶與李瓶兒的一段故事比較符合，其她婦人像吳月娘、孟玉樓，雖然都拒絕過西門慶的求歡，吳氏還拒絕過三次，情節都與此圖不符，不是季節不對、就是場景不符。第三十三回說：「八月十五日……，西門慶……走到前邊李瓶兒房中看官哥兒，心裡要在李瓶兒房裡睡。李瓶兒道：『孩子才好些兒，我心裡不耐煩，往他五媽媽房裡睡一夜罷。』西門慶笑道：『我不惹妳。』於是走過（潘）金蓮這邊來。」

佛手柑可以是中秋的應景水果，桌旁一座燈架上紅燭高燒，左側門裡床帳宛然，表明是臥房，都與三十三回的這段情節相符合。

二、〈涼軒晝合〉

這是很普通的一幅春畫，描繪男女在涼軒的床榻上以男上女下、男俯女仰的姿勢交歡，軒外一盆玉簪花，說明時序正當七月炎夏，而槐蔭覆蔽，竹林屏遮，一塊巨大的太湖石顯示主人家的闊氣。

如果要把此圖當作《金瓶梅詞話》的插畫，那這座涼軒不應該是花子虛家，描繪的也不是西門慶與花子虛老婆李瓶兒偷情的故事；因為他倆偷情都在夜間臥房裡，時間從宋徽宗政和四年九月九日重陽節夜晚，到十一月下旬花子虛病亡，時間不符。

如果是描繪西門慶與潘金蓮在自家花園如翡翠軒或聚景堂涼棚下的勾當，《金瓶梅詞話》中，描繪西門慶與潘氏在炎夏交歡的情節，只有十八回、二十七回和二十九回三處，其中十八回是在臥房床帳中以狗交之式做愛，二十七回是雙腳懸吊於葡萄架下交歡，二十九回是潘金蓮在床上午睡，西門慶潛入偷姦，似乎只有二十九回比較符合此圖。書上說：「西門慶手拿著芭蕉扇兒，信步閒遊，來花

清人仿仇英筆法，描繪《金瓶梅》第二十九回西門慶與潘金蓮〈涼軒書合〉。

園大捲棚聚景堂內，周圍放下簾櫳，四下花木掩映，正值日午，只聞綠蔭處一派蟬聲……。西門慶……轉過角門來到（潘）金蓮房中，看見婦人睡在正面一張新買的螺鈿床上，……婦人赤露玉體，只著紅綃抹胸兒，蓋著紅紗衾，枕著鴛鴦枕，在涼席之上睡思正濃。……西門慶一見，不覺淫心頓起，……悄悄脫了衣褲上的床來，掀開紗被，見她玉體互相掩映，戲將兩股輕開，按麈柄徐徐插入牝中，比及星眸驚欠之際，已抽拽數十度矣……。」

三、〈雪洞藏春〉

在一間房子裡，男人坐在圈椅上，女人坐在他的懷裡，向著地上的一盆炭火取暖；寒冬臘月天，窗外的松樹竹叢和石頭上都積著雪。女子怕冷得伸手烤火，男人體貼地吩咐丫環快把厚重的窗簾放下。牆頭掛著古琴，床上放著琵琶，炭盆裡燙著美酒，寒冬時依舊有許多賞心樂事，只不過丫環放下簾子後就會離去了，只有紫檀長桌上的一盆紅山茶靜靜地欣賞屋裡男女的快活勾當。

這是《金瓶梅詞話》裡誰跟誰的故事呢？答案是西門慶和他僕人來旺的老婆宋蕙蓮。書上第二十三回說：西門慶看上了僕婦宋蕙蓮，跟五妾潘金蓮商量，要她躲開，把屋子空出，讓宋蕙蓮晚上到她房裡歇一夜，好讓他上手。潘金蓮不答應。西門慶說：「既是妳娘兒們不肯，罷！我和她往山子洞兒那裡過一夜，妳吩咐丫頭拿床舖蓋，生些火兒，不然，這一夜怎麼當？」

金蓮便吩咐秋菊抱鋪蓋、籠火，到山子底下藏春塢雪洞裡準備。書上說：「這宋蕙蓮……來到藏春塢洞兒內，只見西門慶早在那裡秉燭而坐，……地下籠著一盆炭火兒，寒冷得打競。婆娘在床上先伸下鋪，上面還蓋著一件貂鼠禪衣，掩上雙扉，兩個上床就寢……。」

原來圖中放簾子的丫環是潘金蓮的女侍秋菊。

清乾隆中葉《金瓶梅》插畫〈雪洞藏春〉，描繪西門慶與宋蕙蓮偷歡。

第十一講

清乾隆中葉彩色絹畫〈歲時豔戲〉

在日人福田和彥《中國春宮畫》一書中，我們看到了十幅標明為「十六世紀頃絹本著色」春畫。從內容來看，它應該和本書第六講〈年中行樂〉、第八講〈歲華韻事〉同樣是描繪一年十二個月裡的歡樂圖，只是少了二月和十一月的兩幅而已。

雖然畫中人物都穿明朝衣冠、髮式作明人打扮，它應該不是十六世紀明朝中葉的作品，而是十八世紀清乾隆中葉的春畫。我把年代訂在乾隆三十五年前後，也就是西元一七七〇年左右的作品。

整體上看來，這套春畫也許是明朝中葉春宮的一個摹本，畫得夠富麗堂皇了，卻仍嫌不夠精緻細膩。男女面目表情刻板，背景花木刻板，畫家的才華有限，就無法達到生動的地步。從六月的那幅作品中對池塘荷花的描繪（荷葉貼水而生），可以知道畫家對植物生態觀察的粗疏，床帳家具也有同樣的缺點，好像畫得全是不值錢的仿古家具，不是真正富豪人家裡應有的真古董。

以下按作品月分先後重新排列，逐一介紹這十幅彩色絹本春畫〈歲時豔戲〉。

一、〈正月棋戲圖〉

富紳家窗外的虬松蒼綠，南天竹紅果鮮豔欲滴，標明著時間是北風呼號、春寒料峭的正月，男主人和嬌妻對桌而坐，下圍棋消遣時光。兩人檯面上下著棋，桌底下卻用腳相互勾弄著撩情賣騷。好色的男子不但用腳挑逗嬌妻，另一隻手還背過去抓著豔婢的小手吃豆腐，把男人「妻不如妾、娶不如偷」的臭毛病描繪得十分真切。

棋桌靠女子左手邊的那一根桌腿應當畫出來的，卻沒有畫，顯示畫家的功力不夠。

二、〈三月椅戲圖〉

暮春時節，窗外庭院裡的李樹開著小白花，紫檀回紋書架前的根雕醉翁椅上，仰躺著半裸的婦人，她胯間的「食肉花」也開了，正打算吞食丈夫那根驕傲自大的肉棒。男子也半裸著下身，正站在椅前，以「老漢推車」之勢，要好好狎玩椅子上穿描金紅肚兜、纏得一雙好小腳的騷媚婦人。男的手忙腳累、女的以逸待勞，這一場「淫椅之戲」的勝負結果不問可知矣。

上：清乾隆年間〈歲時豔戲〉冊頁之〈正月棋戲圖〉。
下：清乾隆年間〈歲時豔戲〉冊頁之〈三月椅戲圖〉。

右：清乾隆年間〈歲時豔戲〉冊頁之〈四月犬戲圖〉。
左：清乾隆年間〈歲時豔戲〉冊頁之〈五月騎戲圖〉。

三、〈四月犬戲圖〉

初夏四月，欄外太湖石畔開著白繡球，室內矮榻旁的花瓶裡插著牡丹花，天氣漸漸暖了，好色的夫妻終於可以脫得跡近一絲不掛地玩，也不用擔心著涼受寒、傷風感冒了。這一回他們玩的是「隔山搗火」，也就是俗稱的「狗交」之戲。女子俯伏在鋪了草薦的紫檀內翻馬蹄腿矮榻前，任男人站在她身後，高抬起一腿讓牝戶大張地抽送著，男子邊弓身屈膝、聳腰擺臀，還邊輕佻戲狎地問：「看清楚了嗎？看見大肉棒怎樣往裡搗嗎？」

四、〈五月騎戲圖〉

仲夏時節，庭院芭蕉展綠、榴花鬥紅，怕熱的富紳連鵝毛扇都出籠了，要驅暑納涼。在遮陽的屏風後，他鋪了一床織蓆，脫得赤條條地想

右：清乾隆年間〈歲時豔戲〉冊頁之〈六月蓮戲圖〉。
左：清乾隆年間〈歲時豔戲〉冊頁之〈七月指戲圖〉。

睡個清涼的午覺，可是貪淫的愛妾不依，要來嬲戰。男子說他昨晚累壞了，腰沒力；女的說不要緊，你躺著，我來動；於是一場「騎木驢」的好戲就在涼軒裡上演了。

五、〈六月蓮戲圖〉

季夏六月，欄外荷池的紅蓮盛開了，天氣熱到非脫光不可的地步了，富紳便和他的愛姬脫光了，做愛做的事。仰躺在矮榻上的婦人騷媚地舉腿，用三寸金蓮夾弄著丈夫的那話兒，男子一臉欣喜，得意地瞅著婦人說：「夾出妳達達的屣來，算妳本事。」一旁束腰藤墩上的波斯貓見了喵喵叫，好像是說：「你喜歡她的三寸金蓮，那牝戶留給我舔，看裡面正淌著蜜汁呢。」

六、〈七月指戲圖〉

新秋七月，花園太湖石畔的秋海棠開花了，

富紳與愛姬在梧桐樹下鋪著涼蓆，脫光了衣服做愛做的事。他跪伏在愛姬身旁。回首吮吸著她豐滿的乳房，女子端坐摟捧著丈夫的頭，說道：「好乖，吃奶奶，奶奶好吃。」男子望著愛姬，涎臉笑著，邊用右手中指去摳弄她的牝戶，像是要說：「等會兒還要吃這個呢。」

七、〈八月婢戲圖〉

中秋時節，窗外棕櫚仍綠，天氣時而涼爽、時而悶熱，所以怕熱的富紳還要一扇在手，搧風取涼。夜深人靜時，他把豔婢叫到房裡，說有個好東西要給她看，就在燈燭下攤開了春宮冊頁。丫環看得臉紅心跳，不敢再往下看，把春冊一闔攏，就要往外溜逃。男主人拉住她，脫光了說：「妳看看，我的這根傢伙，比畫上的還粗還長，保證讓妳歡喜得要命。」說著還動手強脫丫環的衣裙。丫環推拒著說；「不行，夫人知道了要把我打死的。」

一個箭在弦上、不得不發，一個又愛又怕、左右為難，結果到底如何呢？

八、〈九月氈戲圖〉

歲序來到九月暮秋，富紳家廳堂一角的根雕花几上，擺著一盆應時而開的黃菊，頭戴幞頭的男子脫光了，和一絲不掛的愛妾在織氈上雲雨交歡。女子仰臥屈腿、雙膝抵胸，牝戶大張地以《素女經》上的「龜騰」之式，笑納著蹲踞在自己面前男子的那話兒，兩手還緊摟著他的肩膊，像深怕到口的肉又溜掉一樣，看似被動實則主動，真不知道是誰玩誰呢？

九、〈十月苞戲圖〉

初冬十月，百合盛開，一個迢迢良夜，富紳與愛姬躺在床上交談，富紳說想嘗嘗愛姬貼身丫環的滋味。為了討好丈夫，愛姬答應了，讓丈夫到臥房外的煙榻上給丫環開苞。丫環被脫得一絲不掛，任男主人擎舉著她的雙腳，打開牝戶，舉著昂揚的性具就往裡面捅，玩「老漢推車」，疼得她哭叫求饒，拼命掙扎；女主人卻按住了她的上半身，不容她逃躲，一場開苞好戲就此上演了。

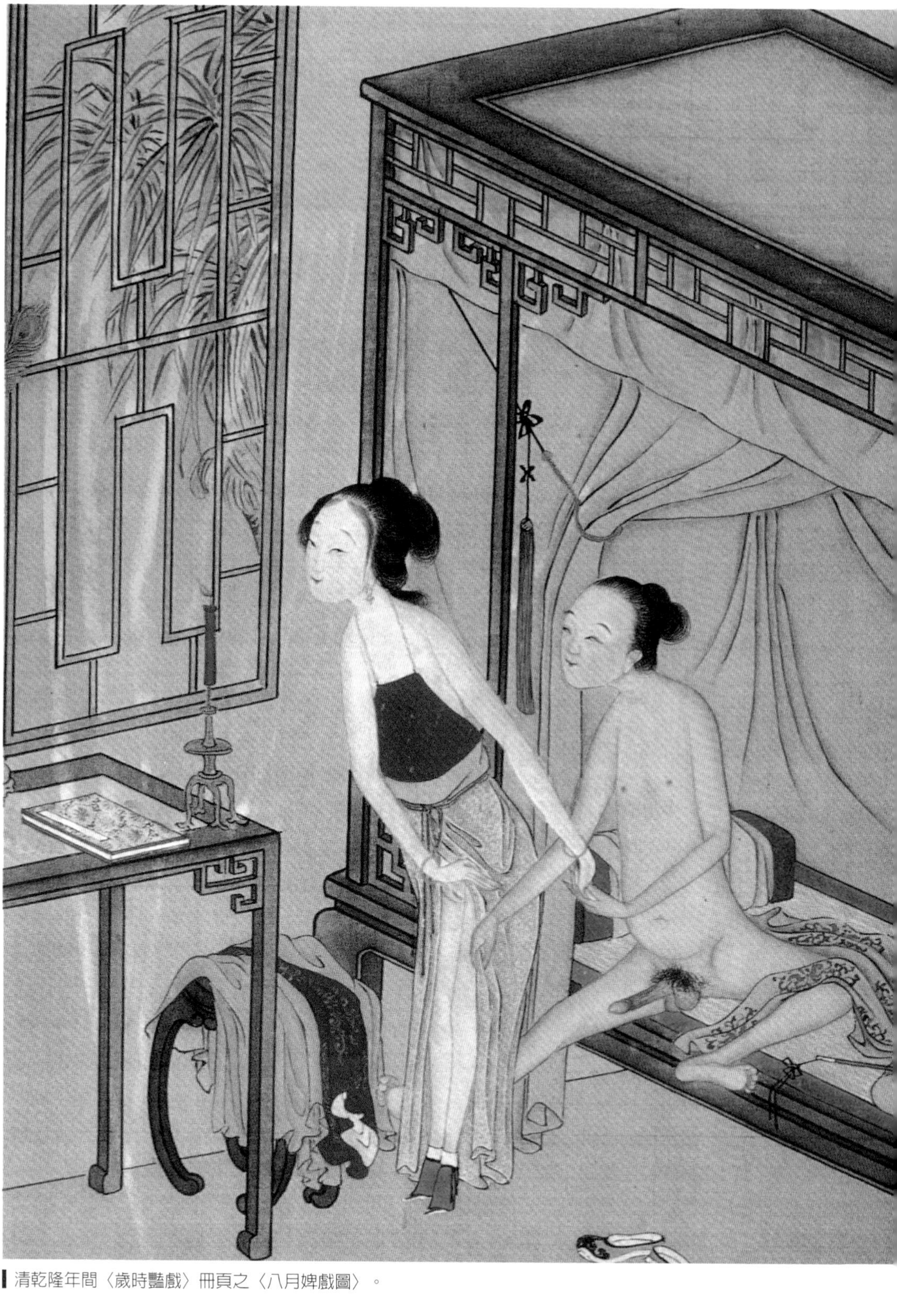

清乾隆年間〈歲時豔戲〉冊頁之〈八月婢戲圖〉。

右：清乾隆年間〈歲時豔戲〉冊頁之〈九月氈戲圖〉。
左：清乾隆年間〈歲時豔戲〉冊頁之〈十月苞戲圖〉。

十、〈臘月雪戲圖〉

寒冬臘月，庭院中的梅花開花了，富紳攜妻到院子裡賞梅。性趣盎然的丈夫忽然又提出要求要在雪地裡敦倫，妻子嫌冷，丈夫說只要褪下褲子就可以了，於是女的倚著梅樹樹幹把腿敞開，讓丈夫面對面站著搞一回。

男女都站著面對面交合，在唐人《洞玄子》一書的「三十法」中稱作「臨壇竹」，但這個站交的姿勢，在色情文學和春畫中都比較少見，或許因為女子陰戶生得低下近胯間，站著搞比較不能盡興吧，也許只有男女偷情野合要匆匆打一炮時，才勉強用這個姿勢胡亂意思一下。

清乾隆年間〈歲時豔戲〉冊頁之〈臘月雪戲圖〉。

第十二講

清乾隆晚期繪本〈浮生六記〉

在《樂園》（*Gardens of Pleasure*）一書中介紹了這個八開絹本冊頁祕戲圖，它寬二十二公分、高二十六公分，雖然在〈梅窗曉戲圖〉一開左下角有「仇英」簽名和「十洲」朱文葫蘆印，雖然這八張春畫也畫得十分細緻優雅、功力深厚，但它絕不是明朝中葉仇英的作品，而是清乾隆晚期佚名畫家所繪，為了賣高價而作偽簽了「仇英」之名、蓋上假印。

這位作偽的畫家繪畫功力很高，人物線條，衣紋鉤勒幾乎沒有敗筆，題材新穎，人物造型也夠美、有表情，設色淡雅，而背景用較簡略的手法表達，已漸失清初康雍乾盛世那種精麗堂皇的泱泱大氣了，所以我把這個冊頁的年代訂在乾隆晚期，甚而可能是嘉慶初年的作品，也就是西元一七九〇年至一八〇〇年間。

這個八開冊頁讓人想起《浮生六記》一書，想起該書的作者沈復（字三白）和他可愛的妻子陳芸。

沈三百是江蘇蘇州人，生於乾隆二十八年（西元一七六三年）十一月二十二日。沈家是書香門第，世居蘇州滄浪亭畔，父親以遊幕為業，擔任外地縣官的幕僚，相當

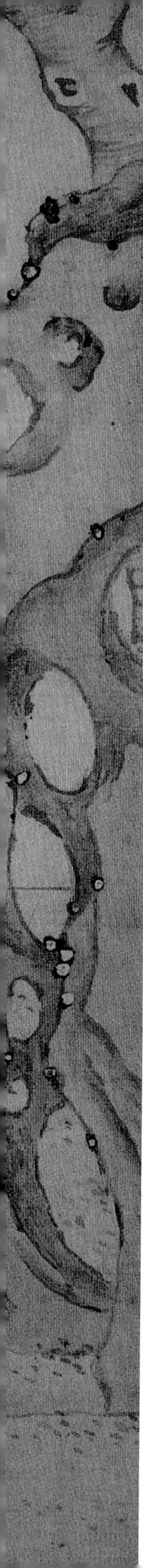

清乾隆繪本〈浮生六記之一・兩小無猜圖〉。

筆者蒐藏兩種《浮生六記》的繪本，可見世人對此書之珍愛。

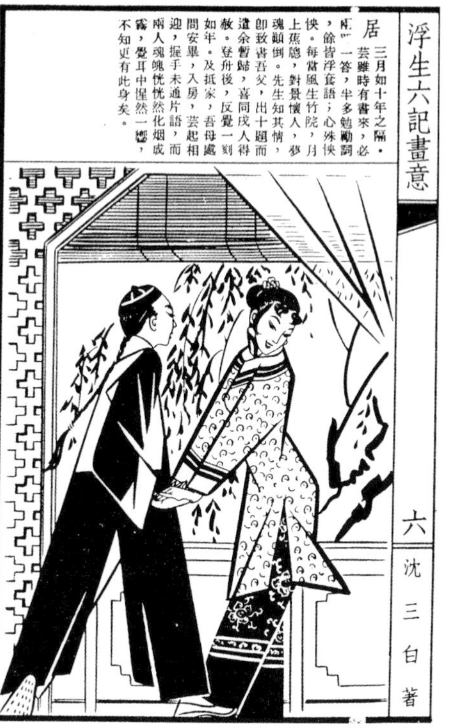

上排左：《浮生六記》一書封面，為高寶女士作品，描繪沈三白與芸娘的洞房花燭夜。
上排中：香港高寶女士於一九六二年刻繪《浮生六記》插圖〈七夕之歡」。
上排右：高寶女士在《良友雜誌》上發表的《浮生六記》插畫〈共遊太湖」。
下排左：民國四〇年代上海關山美女士繪〈浮生六記畫意之洞房花燭〉。
下排中：關山美女士〈浮生六記畫意之新婚初夜〉畫風含蓄。
下排右：關山美女士刊載於《小畫報》上的〈浮生六記畫意之鶼鰈情深〉。

於今日的秘書。沈三白後來也做過幕僚、塾師，還曾賣畫維生。《浮生六記卷三・坎坷記愁》中說：「余連年無館（找不到一家塾館肯聘請他去教書），設一書畫鋪於家門之內；三日所進，不敷一日所出。」

沈三白既然會畫，當然有可能畫些祕戲圖出售賺錢或自娛自賞。這個八開本絹本祕戲圖的年代與沈三白相吻合，畫風充滿江南風情和文人氣息，也可與三白的身世經歷一致，尤其這八張祕戲圖的內容，幾乎都可以在《浮生六記》一書中找到相對應的情節，讓人不禁猜想這個八開絹本冊頁，可以是《浮生六記》的繪本，而畫家也許就是沈三白，他畫這個冊頁是為了作個紀念。以下就逐一介紹這八幅祕戲圖。

一、〈倆小無猜圖〉

這是描寫沈三白十三歲時到表姐陳芸家作客，對芸娘一見鐘情的描繪。

《浮生六記卷一・閨房記樂》說：「陳名芸，字淑貞，舅氏心余先生女也，生而穎慧，學語時，口授〈琵琶行〉即能成誦。……余年十三，隨母歸寧，兩小無嫌，……告母曰：『若為兒擇婦，非淑姐不娶。』母亦愛其柔和，即脫金約指締姻焉；此乾隆乙未（四〇年，西元一七七五年）七月十六日也。」

此圖描繪夏秋之際，一個少女在園中摘花，少年男子見而愛慕，情不自禁地伸手去拉住她，正與前面一段引文相合。

二、〈吐露衷情圖〉

此圖中的地上有一把鵝毛扇，可見描繪的仍是乾隆四十年夏秋之際發生的事。

《浮生六記卷一・閨房記樂》說：「芸與余同齒而長余十月，自幼姐弟相呼。……其形削肩長頸、瘦不露骨，眉彎目秀、顧盼神飛，……一種纏綿之態，令人之意也消。」

這幅畫描繪沈三白十三歲那年夏末初秋，到表姐芸娘家作客，因為母親答允了婚事，還脫下金戒指給陳芸做訂婚禮物，兩人的關係就更加親密了。一天下午，沈三白在

清乾隆繪本〈浮生六記之二・吐露情衷圖〉。

堂前窗欄上坐著看書，恰巧芸娘經過，他就叫住了未婚妻，大膽吐露情衷，芸娘害羞，怕別人看見笑話她，轉身要走，沈三白卻拉手勾腳地不放，笑著說：「不怕，這會兒沒人看見的，妳別走麼！」

三、〈洞房花燭圖〉

在一間素雅的書齋裡，靠牆的書案上放著文房四寶和一函線裝書，對面一個根雕小几上放著幾件古玩，一旁的仿古銅盂裡插放著銅如意、拂子和畫軸。頭戴幞巾、穿著淡朱色袍服的書生，正摟著一名女子坐在書案前，引導她看一卷淫書，他一邊指唸著精彩的內容，一邊斜睇她的表情變化，看出她有些動情了，左手便伸進她的胯間，探看是不是「水到渠成」了，準備真箇銷魂。

▎清乾隆繪本〈浮生六記之三・洞房花燭圖〉。

《浮生六記卷一・閨房記樂》說，沈三白在乾隆四十五年（西元一七八〇年）正月二十二日娶芸娘為妻，但新婚之夜他大醉而眠，醒來時天已經亮了，第二天是國忌日，不能作樂，直到凌晨時，他把出閣的姊姊送嫁到夫家，回來半夜兩點多了，才是真的「洞房花燭夜」的開始。

書上說：「二十四子正，余作新舅送嫁，丑末歸來，業已燈殘人靜，悄然入室，伴嫗盹於床下，芸卸裝尚未臥，高燒銀燭，低垂粉頸，不知觀何書而出神若此，因撫其肩曰：『姐連日辛苦，何猶孜孜不倦耶？』

芸忙回首起立曰：『頃正欲臥，開櫥得此書，不覺閱之忘倦。「西廂」之名聞之熟矣，今始得見，真不愧才子之名，但未免形容尖薄矣。』

余笑曰：『唯其才子，筆墨方能尖

薄。』

伴嫗在旁促臥，令其閉門先去，遂與比肩調笑，恍同密友重逢，戲探其懷，亦怦怦作跳，因俯其耳曰：『姐何心春乃爾耶？』

芸回眸微笑，便覺一縷情絲搖人魂魄，擁之入帳，不知東方之既白。」

《西廂記》中尖酸刻薄的文字，應指張生與崔鶯鶯的偷嘗禁果，「軟玉溫香抱滿懷，阮肇到天台，春至人間花弄色，霧滴牡丹開，但蘸著些兒麻上來，魚水得和諧，嫩蕊嬌香蝶恣採……」沈復和新娘子「比肩調笑」的，也應當是重述這段豔文。凡此種種，都與這幅〈洞房花燭圖〉相符，可以視作為〈閨房記樂〉的插圖；連窗外的梅花都和書上的日期相吻合呢！

書案背後牆上掛的〈鷺鷥圖〉畫得草率，由於沈復家不富裕，室內家具便畫得十分簡樸，衣服器物上的繁麗紋飾全都省略了，但是作為畫面主題的人物卻構圖用心、表情生動，線條遒勁有力，令人激賞。

四、〈梅窗曉戲圖〉

《浮生六記》的作者沈復在書上只有「擁之入帳，不知東方之既白」十一字，來描寫他與新娘子陳芸的新婚初夜，但是兩人究竟在帳中做了那些事情，他不肯詳說，讓人去胡思亂想。

〈梅窗曉戲圖〉可說是沈、陳兩人洞房花燭夜的寫真圖，沈復把新娘子抱到床上，為她寬衣解帶，把她剝脫得一絲不掛，自己也脫得只剩一件藍布襯衫，就如此這般一邊親吻，一邊行「周公之禮」了。

沈三白和芸娘初夜的光景，有一首〈賀新郎〉描繪得真切：

淺酒人前共，軟玉燈邊擁，
回眸入抱總含情，痛！痛！痛！
輕把郎推，漸聞聲顫，微驚紅湧。
試與更番縱，全沒些兒縫，
這回風味忒顛狂，動！動！動！

清乾隆繪本〈浮生六記之四．梅窗曉戲圖〉。

臂兒相兜，唇兒相湊，舌兒相弄。

〈梅窗曉戲圖〉中男女互摟交歡，就是這首描述新婚豔詞的下半闕，圓形洞窗寓意洞房，白紅交錯的兩株梅樹，暗示新郎噴射出的白色精液，與新娘破瓜所流出的處女之血，在床褥上交互渲染，讓這幅畫的意象更豐富、也更貼近《浮生六記》所描述的沈三白與芸娘的初夜光景。

五、〈放浪形骸圖〉

夜深人靜時，新婚的丈夫好奇地想看妻子的牝戶，新娘子當然含羞拒絕，可是禁不住丈夫的一再要求、曉以「大義」，說「玩都隨便我玩了，看一下又有什麼關係？」她也只好含羞答應了。

清乾隆繪本〈浮生六記之五・放浪形骸圖〉。

丈夫大喜，特地從床下搬來一張靠背坐墊讓妻子坐在上頭，把兩腿大大地張開，還把燭台移到床前踏板上，照得亮亮地，自己就趴在牝戶前看個仔細。看了還不夠，還要伸舌頭去舔刮，嘗嘗是什麼味道；新娘子便忍不住呻吟了起來。

這般放浪形骸的玩法，被家中的一個老僕察覺了。他聞聲而至，悄悄搬來一張方凳，站在凳子上，墊腳從屏風探頭張望，還用帶來的望遠鏡（錯畫成放大鏡了）要看個仔細。

這是沈三白和芸娘在閨中尋歡作樂很可能出現的光景，他倆新婚蜜月是在人多眼雜的父母家度過的，當然有可能遭人窺春，尤其中國江南婚俗在新婚時有「聽房」之舉，可以明目張膽地偷看偷聽新郎、新娘在洞房裡的勾當，只不過在《浮生六記卷一・閨房記樂》裡，並沒有如此「放浪形骸」的描述罷了，

清乾隆繪本〈浮生六記之六・涼榻消夏圖〉。

書上只說：「自此耳鬢相磨，親同形影，愛戀之情有不可以言語形容者。」男人用唇舌舔弄女子牝戶古稱「舔鐺」或「吹笙」，這大概就是沈三白所說的「不可以言語形容的愛戀」吧。

六、〈涼榻消夏圖〉

《浮生六記》說乾隆四十五年（西元一七八〇年）正月二十二日，沈三白與陳芸在蘇州老家結婚，過了一個多月新婚恩愛的生活，到了同年二月底，父親命三白到杭州，去跟一個宿儒趙傳（字省齋）讀書；過了三個月，到五月底時才重返蘇州，與妻子團圓。六月時，沈三白嫌老家人多眼雜，夫妻親熱不方便，跟母親商量，藉口老宅太熱，攜妻遷居於滄浪亭畔的舊別墅中，過了一段可以隨心所欲的逍遙生活。

《浮生六記卷一‧閨房記樂》說：「時當六月，室內炎熱，幸居滄浪亭愛蓮居西間壁，板橋內一軒臨流，……檐前老樹一株，濃陰覆窗，人面俱綠，……攜芸消夏於此，……自以為人間之樂無過於此矣。」

因為是炎夏酷暑，所以兩人要到軒外的涼榻上敦倫，因為已結婚半年，所以芸娘在雲雨時已經曉得自舉雙腿、高張牝戶以圖盡歡、所以兩人可以盡情隨興地白晝宣淫。凡此種種，都與《浮生六記》卷一相吻合，這才是「人間之樂無過於此」了。

涼榻後間壁上掛的〈蒼龍戲珠圖〉，畫一蒼龍騰雲駕霧伸爪攫抓一明珠，龍是男陽的象徵、珠是女陰的象徵，壁上蒼龍戲珠、榻上翻雲覆雨，彼此相互呼應，具見畫家之用心。

七、〈蘭湯午戰圖〉

還是乾隆四十五年夏天的事，還是在蘇州滄浪亭畔愛蓮居的別墅老宅中，一個炎熱的午後，沈三白喚妻子芸娘煮熱水讓他洗個澡，把一身汗膩洗掉。洗到一半時，芸娘又提一桶熱水來給丈夫添湯，沈三白卻一把拉住嬌妻要來個「蘭湯午戰」。芸娘半推半就，被光屁股的丈夫拖到一旁的黃花梨卍字紋束腰大挖馬蹄羅漢床上，玩起了羞死人的「倒澆蠟燭」。

這個讓女人主動騎在男人身上搖晃屁股、任意吞吐、盡情發騷的姿勢，很多傳統女性在婚後多年還不敢一試，而陳芸在婚後半年就駕輕就熟了，這和《浮生六記》書中說她曾女扮男裝跟丈夫去逛水仙廟、看插花比賽的行逕是一致的，顯示了年紀比老公大些的芸娘不拘禮教、大膽率真的個性。

八、〈良夜捉姦圖〉

迢迢良夜，男女幽歡於室內，在一張花梨木嵌雲石束腰羅漢床上，玩得不亦樂乎，樂得兩人都脫得一絲不掛了，要盡興地追歡。

哪曉得這場肉搏戰不是敦倫而是野合。男子的老婆攜婢秉燭闖進來捉姦，一把就擰住丈夫的耳朵，要舉起鞋底板掌嘴。男子趕緊跪地求饒，說下次不敢了，偷別人老公

清乾隆繪本〈浮生六記之七・蘭湯午戰圖〉。

的女子匆匆披了件袍子，站在一旁看好戲，右手食指抵著嘴唇，訝異地心想：「剛才問你萬一老婆知道了怎麼辦？你還大剌剌地說老婆知道了也不敢吭氣，說你是一家之主，什麼事都是你說了算，怎麼現在……？」

圖中偷人的女子是個寡婦，因為她腳底的繡鞋是暗藍色的，因為年輕守寡，才引得野男人來偷腥。捉姦的婦人上半身赤裸，似乎又表示從隔壁房間趕來，而不是鄰居關係，那就可能是小姨守寡、姐夫偷情了，難怪她一點也不怕來捉姦的婦人。

這情節不像是沈三白偷情、妻子芸娘捉姦的場面，因為《浮生六記》中說芸娘很大方，屢次替丈夫物色年輕溫柔又有教養的女子作妾，書上也沒有提到某人偷情被妻子捉姦的「新聞」。也許這個故事記載在《浮生六記》殘缺的卷

清乾隆繪本〈浮生六記之八・涼夜捉姦圖〉。

五或卷六上，如今才圖文對不起來了。今本《浮生六記卷五・中山記歷》文筆較差，風格與前四卷不同，《卷六・養生記道》更是雜湊成篇，說這兩卷是沈三白寫的，我不相信。

第十三講
清乾、嘉年間郎世寧畫風祕戲圖

在法國巴黎國家圖書館收藏了一套三十六張中國清朝乾隆末、嘉慶初年的紙本彩色春宮畫，這批作品分別刊載於《中國的色情主義》（*Chinese Erotism*）和《中國的愛情與藝術》（*L'Art Et L'Amour Chine*）兩本書中，這個冊頁有很多特色，值得專闢一章來詳述。

首先，它是我所看過數量最多的一個冊頁。除了《金瓶梅詞話》的插圖多達兩百幅（但其中也只有少部分屬於春宮）外，一般木刻套色版印的春冊多半為二十四圖，手繪的春冊則為十二圖，像巴黎國家圖書館所藏的這套春冊竟多達三十六幅，讓人想起清人李漁《肉蒲團》一書上所說：「書畫鋪中買一幅絕巧的春宮冊子……共有三十六幅，取唐詩『三十六宮都是春』的意思」；還有清朝俗曲泗州調「十謝郎」中的「第九謝郎本事強，奴奴死去又還陽；三十六春宮都做到，把一夜變成兩夜長。」

第二，這套春宮冊頁中的男女衣著髮式作清人打扮，而不是明朝形式；女梳旗式高尖髻、不纏足，男子剃髮結辮，這在先前的春宮畫中十分罕見。清朝前期（乾隆中葉以前）的春宮，一般均作明式打扮，畫前朝男女雲雨交歡；從乾隆晚期這套三十六幅的春宮開始，才見清人妝束出現在祕戲圖中。

第三，這三十六幅春畫明顯受到義大利籍畫家郎世寧的影響，人物肌膚設色明暗有立體感，山水背景用透視法遠近分明，房屋建築和部分家具也是西洋式的，花草樹木也用西洋油畫技法畫成……總而言之，洋味十足，甚而有幾幅圖中的男女是西洋人的面孔，真是別開生面。空間透視和光彩明暗的表現令人印象深刻。

第四，它的山水園林像取景於北平紫禁城北海或中南海邊滿州貴族的別墅，絕非江南的西湖或太湖風光；室內陳設和床炕也是大陸北方厚重樸實的風格，與江南富豪家的纖巧華麗差別很大。連畫中女性也多半是粗率爽朗的北方女子，缺少江南佳麗靈秀水氣的嬌媚。這些特色說明了這個冊頁出於大陸北方畫家之手，不是江浙畫家的作品。

總體來說，這套春冊畫得不夠細膩精美，還沒有達到郎世寧真跡和清朝皇宮收藏的水準，但因上述四個特點，使它在中國春宮畫史具有一定的重要地位，這三十六張春畫彼此間並無關聯，不是一個或幾個故事的連環圖畫，從內容性質來看，大致可分為有內容情節（共十七幅）和純粹表現交合姿勢（共十九幅）兩大類，以下就按此類別逐一介紹這三十六張紙本春畫。

一、〈有女懷春〉

頭梳旗髻、沒有纏足的滿族少女在閨中準備洗澡，脫下的衣褲掛在屋角的黃花梨衣架上，忽然春心一動，就坐到羅漢床上張腿對鏡自慰起來，她快活的呻吟聲傳到窗外，被一年輕剃髮結辮的男子聽見了，悄悄來到窗邊探頭窺視。

女子豢養的愛犬看到陌生人，弓身示警地朝窗戶奔去，她的吠奔當然喚醒了沉醉中的少女，在鏡子裡看到窗外有人。接下來男子是跳窗求歡呢、還是倉皇遁逃呢？就看他膽子夠不夠大了。這情景讓人想起了一首民歌：

嬌滴滴佳人閨中纖指把屄摸，
色瞇瞇公子窗外賊眼往裡睃；
拼著狗咬大膽往裡跳，
順水推船用力不需多。

此圖室內空間表現明確，窗前長凳和一旁澡盆的光線明暗，都畫得寫實逼真而有立體感。

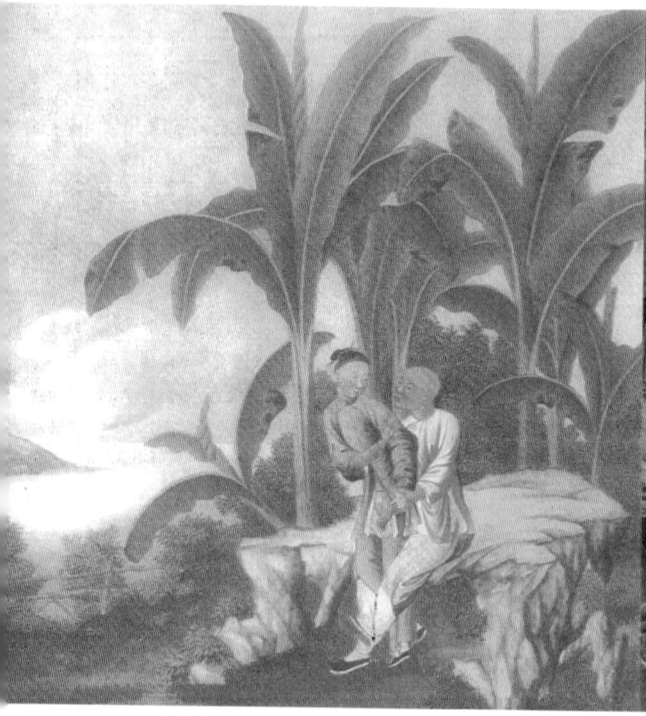

清乾、嘉年間仿郎世寧畫風祕戲圖〈蕉蔭求愛〉。

清乾、嘉年間仿郎世寧畫風祕戲圖〈有女懷春〉。

二、〈蕉蔭求愛〉

年輕男女坐在芭蕉樹前的太湖石上談情說愛。剃髮結辮的男子向作漢族妝扮的纏足少女大膽示愛，摟抱求歡，還動手動腳去扯脫她的褲帶。少女羞怯地推拒欲逃，男子用雙腿夾鎖住她，不放她走，一邊涎臉唱道：

妹相思——

不作風流到幾時？
只見風吹花落地，
不見風吹花上枝。

此圖左後方畫著西洋式的山水雲天，河畔樹叢、芭蕉和太湖石也只是概念性的表達，不夠寫實逼真，這就是我在前面說的未達郎世寧的水準所在。

三、〈草坡牧歌〉

荒郊草坡上，一群綿羊悠閒自在的坐臥啃草，牧羊

清乾、嘉年間仿郎世寧畫風祕戲圖〈邂逅幽歡〉。

清乾、嘉年間仿郎世寧畫風祕戲圖〈草坡牧歌〉。

少年和一個旗裝不纏足少女，摟坐在一個土墩旁談戀愛。少女手持旱煙管要情郎也抽一口試試，少年卻只顧忙著伸手去解她的褲帶，用手指去挑弄她的牝戶，要勾動她的春心，在這僻靜無人之處雲雨交歡；女子並不抗拒，任少年撫弄著，讓人想起一首戀歌：

妹愛連郎趁後生，
不比春草年年青；
等多一年老一歲，
雪花蓋頂無人貪。

西洋式的風景山水、西洋式的房舍草木，如果把畫中男女畫成洋人，就純粹是一幅西洋式的戀歌圖了。

四、〈邂逅幽歡〉

圖2圖3和圖4可以看成是一組作品，都是會描繪年輕男女在郊野戀愛的故事。

本圖描繪持斧砍柴的男子與荷擔採茶的村姑邂逅於

湖畔茶園，村姑是勞動女子，所以沒有纏足，兩人一見鍾情，便在荒郊打算野合；男子一手摸向村姑的嫩乳、一手掏出勃起的陽具，女子也撩起上衣，半褪褲緣，露出欣然待肏的牝戶來，這情景讓人想起了一首民歌：

姐在茶園把茶摘，
情郎伸手摸奶奶；
姐道郎呀：光天化日你不怕有人看？
你要做私情得要快。

五、〈夏日破瓜〉

梧桐樹下的圓窗裡是一間書齋，一個夏日午後，窗前涼榻上，年輕的少爺正替侍奉他起居的俏丫環開苞。丫環全身赤裸地仰躺在榻上，屁股下還墊了個涼枕，讓牝戶高高仰起，方便男主人恣意採花，她害羞地把臉側開，雙手屈肘緊握，不敢抗拒，只能逆來順受任人宰割，這情景讓人想起一首山歌：

黃毛雞子不堪食，
妹子年幼不當時；
親哥如果下得手，
咬緊牙根任哥剮。

六、〈梅開二度〉

一樣的夏日午後，年輕的少爺坐在臨湖的齋中，上身打著赤膊，要與侍候她的丫環梅開二度。他從容地坐在斑竹靠背椅子上面，一腳擱於五開光瓷坐墩上，要丫環掀起衣裙跨坐到他那根硬梆梆的肉棍子上；丫環慢慢湊合，一邊怕疼地唱道：

昨日開苞慘兮兮，
叫聲少爺慢慢的；
奴家今年只得十四歲，
比不得你那十六、七，
再過兩年不怕你。

清乾、嘉年間仿郎世寧畫風祕戲圖〈梅開二度〉。

清乾、嘉年間仿郎世寧畫風祕戲圖〈夏日破瓜〉。

七、〈漁郎覓津〉

富貴人家的內室，紫檀方桌上擺著應時的瓜果，寶藍色膽瓶裡插著一束鮮花，放著一函圖書，牆上掛著元人山水，兩邊宋儒程顥對聯道：「萬物靜觀皆自得，四時佳興與人同」；一旁黃花梨雲石羅漢床上，坐著一位梳尖髻的纏足中年婦人，全身赤裸只披了件窄袖粉紅短襖，倚著繡墩，敞開雙腿，等著情郎持屌來肏。門外恰有僕婦經過，尷尬地縮身欲退，卻又忍不住好奇地側臉張望。此情此景，有一首古詩咏道：

誰說老蚌不可親？
腐儒漫言當屁聽；
奴家今年四十五，
自有漁郎來問津。

陽光從左側圓窗照入，圓柱、瓷墩和桌肚床榻下的光線明暗、以及人物腳下的影子，都繪得十分仔細。

清乾、嘉年間仿郎世寧畫風祕戲圖〈午眠偷香〉。

清乾、嘉年間仿郎世寧畫風祕戲圖〈漁郎覓津〉。

八、〈午眠偷香〉

中年婦人在閨房臨窗的繡榻上倚枕午眠，情郎悄悄摸進房中，一見大喜，先把自己脫光了，再躡手躡腳地上床偷香；等婦人驚覺時，輕舟已渡萬重山了。這幅春宮讓人想起一首晚明山歌：

午後春睏瞌睡來，
斜倚圓枕托香腮，
矇矓睡裡，情郎自來，
裙腰偷解，把奴弄乖。
小阿姐道：
我覺來時只道巫山夢，
豈知前度劉郎今又來。

此圖中的蒼松綠草和太湖奇石都是西式畫法，竹簾和衣裙在牆上的投影也畫得很醒目，與傳統中國畫大異其趣。

清乾、嘉年間仿郎世寧畫風祕戲圖〈覓隙偷歡〉。

清乾、嘉年間仿郎世寧畫風祕戲圖〈明察秋毫〉。

九、〈明察秋毫〉

這張春畫很別緻有趣，畫一個纏小腳婦人早已脫得一絲不掛了，倚著繡枕躺在梨花木嵌雲石圍屏藤心羅漢床上，敞開大腿等情郎犁庭掃穴、一桿進洞，情郎卻饒富研究精神，按兵不動，拿著一個放大鏡，跪伏在牝戶前仔細觀察。婦人又急又氣、一臉無奈地嬌嗔道：「你個死鬼，有什麼好看的？」男子並不抬頭，邊看邊吟咏道：

此物真稀奇，雙峰隔小溪；
嶺上草茸茸，洞裡泉滴滴；
有水魚難養，無林鳥可棲；
區區方寸地，多少世人迷。

十、〈覓隙偷歡〉

暮春三月天，桃紅柳綠，花心的男子趁妻子與母親下棋消遣的空檔，偷偷溜出來與小姨子幽會。兩人在倉促間只能掀開衣裙，站著匆匆交合一番，一邊凹凸相湊、一邊還要擔心受怕地朝屋裡瞧，只要稍稍苗頭不對，就立刻溜之大吉，真是天可憐見。有古詩一首咏道：

眉來眼去愛苗生，
天賜良機暫相親；
花陰忙解繡羅襦，
卿須憐我我憐卿。

十一、胖婦行房

這張春畫很稀罕，因為畫中女主角身材肥胖，不符合中國自宋朝以後的審美觀，想在中國仕女畫或春宮畫上看到如此肥胖的女性，是很不容易的一件事，因此胖女瘦男交歡的表現，就有了揶揄的意味。

此圖畫炎夏時，肥胖女子怕熱，脫光了全身，在斑竹羅漢床上與情郎做愛，她用手勾摟著男子的背部，要他壓上身來，男子腳步踉蹌，顯得有些勉強，這光景讓人想起一首明朝時江南民歌：

姐妮生來像楊妃，
一身肥肉橫陳在竹床；
與郎交歡不敢倒澆蠟，
深怕壓壞我的寶貝心肝小情郎。

十二、〈白虎剋夫〉

這幅春畫的特色有二：一是強調女白男黑的膚色對比，二是刻意不描繪女子的陰毛。女性牝戶無毛俗稱「白虎」，主性淫，民間還相傳男人碰到白虎要倒霉，甚而有性命之憂。

明刊《金瓶梅詞話》中的「天下第一淫婦」潘金蓮就是個白虎，書上第四回說：「少頃，婦人（潘金蓮）脫了衣裳，西門慶摸見牝戶上並無毳毛，猶如白馥馥、鼓蓬蓬、軟濃濃、紅縐縐、緊揪揪、千人愛、萬人貪，更不知是何物。」後來，潘金蓮就是以此圖中的「倒澆蠟」姿勢玩得西門慶脫陽而死（見《金瓶梅詞話》第七十九回）。

此圖畫肌膚白膩、胯下無毛的紅衣少婦，跨騎在渾身粗黑的中年男子身上，有古詩一首咏道：

清乾、嘉年間仿郎世寧畫風祕戲圖〈白虎剋夫〉。

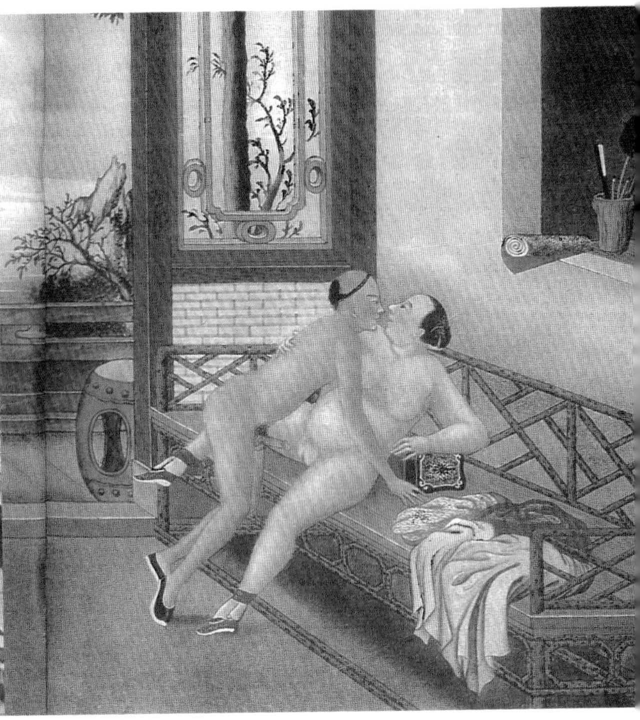

清乾、嘉年間仿郎世寧畫風祕戲圖〈胖婦行房〉。

姐妮生得白似雪，
胯間無毛透骨騷；
一朝玩起倒澆蠟，
剋死丈夫不用刀。

十三、〈白髮紅顏〉

一個白髮斑駁的老頭子，摟著一個梳辮子、陰毛還沒長出來的黃花閨女，準備用他那昂然勃起的陽具，在一張紅木嵌雲石羅漢床上，替少女開苞。

少女已然半裸，張開雙腿和雙手，一付投降的模樣，任老者輕薄，臉上卻露出驚懼的神色。老頭兒看著他，安慰地說：「別怕，每個女人都有這頭一遭，不會很疼的，一下子就過去了。」有古詩一首形容此景說：

七旬老翁本事強，
夜夜春宵戲嬌娘；
羅漢床上逞獸慾，
一樹梨花壓海棠。

清乾、嘉年間仿郎世寧畫風祕戲圖〈假鳳虛凰〉。

清乾、嘉年間仿郎世寧畫風祕戲圖〈白髮紅顏〉。

十四、〈假鳳虛凰〉

描繪女同性戀的春畫在中國並不多見，我大約只看過十幾幅而已，有兩女互摟者、有下體磨鏡者，而以假陽具互慰的女同性戀春宮就更罕見了。本圖描繪兩女互慰，一人腰繫假陽扮男子，壓著另一女子在床榻上行淫。假鳳虛凰的滋味似乎也不差，被淫的婦人雙腿高舉，都翹到假丈夫的背上去了，有詩一首吟咏此事說：

夜深人靜月上初，
姐妹同床孤憐孤；
腰間繫個假陽具，
滋味勝過親丈夫。

十五、〈兩女一夫〉

此圖在前面第二講、第九講都出現過，可知是同一畫稿的摹本；但本圖之中兩女由半裸改為全裸，卻改得索然

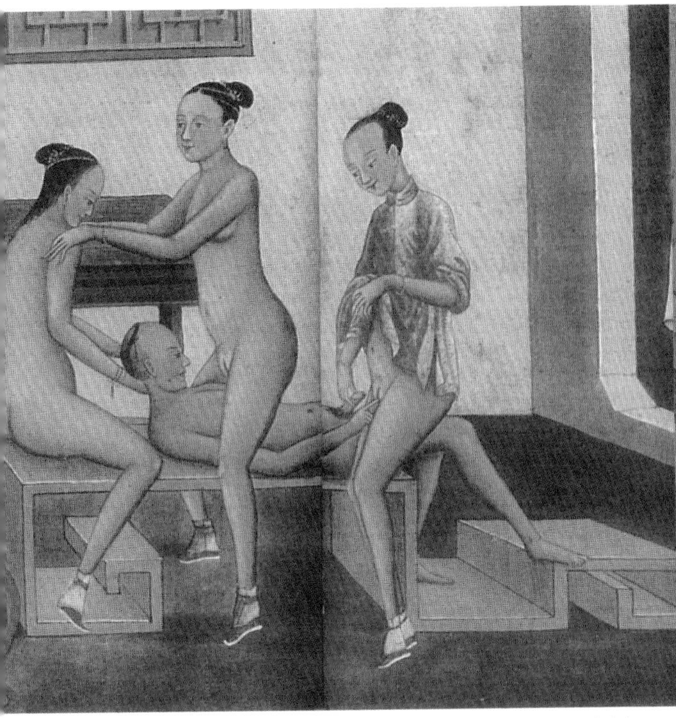

▍清乾、嘉年間仿郎世寧畫風祕戲圖〈三女成姦〉。▍清乾、嘉年間仿郎世寧畫風祕戲圖〈兩女一夫〉。

無味了。脫成這樣，還慢條斯理緩緩步向床榻，真是豈有此理？還不如畫成三人同床、男子手忙腳亂的光景。有古詩一首形容兩女一夫的豔情說：

暑夜漫漫酒色天，
一妻一妾共榻眠；
鴛鴦枕上三頭並，
翡翠衾中六臂連；
一根肉棍兩人搶，
手忙腳亂難周全；
方才了卻東邊事，
又被西邊打一拳。

十六、〈三女成姦〉

「一男三女」之戲在中國春宮畫史上也算少見，主要是因為男主角很難面面俱到；但是我在印度春宮畫和日本浮世繪中，都曾看到一男雙手雙腳和口屌並用，同時慰七婦者（中有一婦跨坐男陽而又足繫假陽慰另一婦人），真

清乾、嘉年間仿郎世寧畫風祕戲圖〈兩尼爭寵〉。

是想得美。

此圖中的男子也只能同時安慰兩女，捧頭之少女（垂髮而不梳髻）純屬湊趣。四人坐臥之淫榻在他處罕見，本春宮冊頁中卻一再出現，似為畫家獨見者，它設計呆板、線條醜陋、稜角太多、容易碰傷肌膚，純為雲雨而設計，稱之為「淫榻」可也，有古詩一首描繪一男三女之姦戲說：

一妻一妾一丫環，
淫榻共參歡喜禪；
以寡敵眾真辛苦，
如此豔福不用饞。

十七、〈兩尼爭寵〉

此圖以西洋油畫技法畫古松樹下一石椅，椅上坐一中年男子，露出勃起的陽具，正與二尼爭執不下，一尼露臀，一尼展屄，狀似爭寵。有古詩一首形容如此光景說：

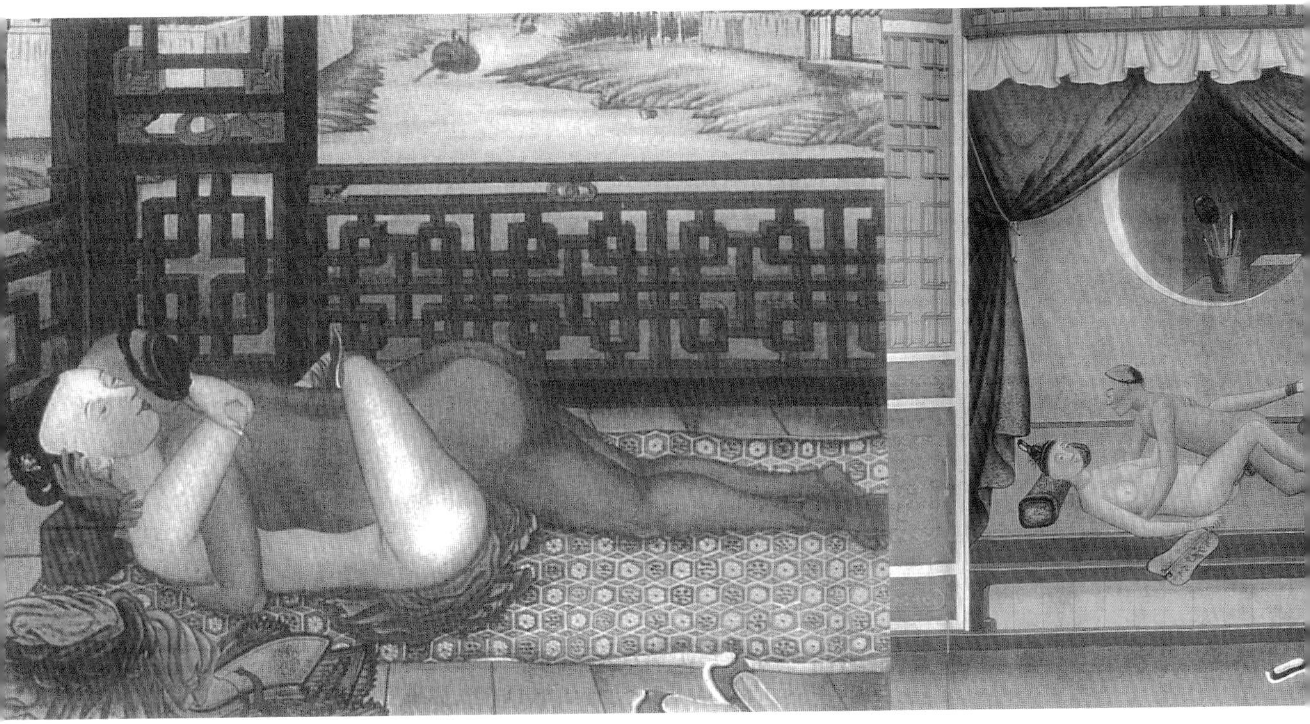

左至右：清乾、嘉年間仿郎世寧畫風祕戲圖「霸王壓頂」之三、之一、之二。

兩個光頭騷花娘，爭風吃醋搶情郎；
一個屁股白似霜，一個小屄嫩又香，
屁眼高翹隨郎搗，小屄朝天任君嘗；
魚與熊掌難取捨，何妨輪番漫顛狂。

以上十七圖都是有情節可述的春畫，以下十九圖則純為性姿勢的描繪，我把姿勢相同的放在一起，共得九式。

一、霸王壓頂（共三幅）

古稱「龍翻」、「尺蠖」、「偃蓋松」或「泰山壓頂」，就是女仰臥、男俯臥交合的正常位。此冊頁中有三圖均屬此式：一在閨中床上，女子仰臥席上，手持宮扇；一在荷花池畔，女子仰臥矮榻，宮扇已拋棄一旁，手摟男頸欲吻；一在河濱小屋中，女子席地仰臥，雙手雙腿交扣男子背上，似乎已來到「一瀉如注」之際。

「霸王壓頂」是大多數男女最喜愛的性姿勢。男人壓著女人，充分滿足了佔有慾；女人被男人壓著，充分滿足了被虐慾。這個姿勢讓男女肌膚獲得最大程度的觸貼，讓

清乾、嘉年間仿郎世寧畫風祕戲圖「隔山搗火」。

兩人獲得最大程度的「合而為一」，又能同時撫觸乳房、接吻吮乳，欣賞臉部的表情變化，真是優點太多了。

二、隔山搗火（一幅）

又叫「隔山掏火」，「搗」是插入，「掏」是拔出，說的是同一件事。這個姿勢是讓女人俯伏翹起兩團小山丘式的屁股，男子從她身後插入拔出，因抽送時胯下會被女人的屁股頂到，所以叫「隔山」。此外，這個姿勢也叫做「虎步」、「狗交」或「三春驢」、「老虎掉尾」……。這是個最原始、最古老的性姿勢，所有的哺乳類動物都是用這個唯一的姿勢傳宗接代，人類也用了上百萬年，它充滿了粗獷的獸性，讓人回歸到太古蠻荒時代；尤其當男人與優雅高貴之女子以此式交歡時，有狎玩母狗畜生的快感、備覺刺激。至於抽送之際邊掏摸捏弄雙乳、或拍打粉臀為樂如西門慶者，就隨男子之喜好了。

此圖中之女子容貌白皙佼好如西洋貴婦，且亦不纏足，特別值得注意與玩味。

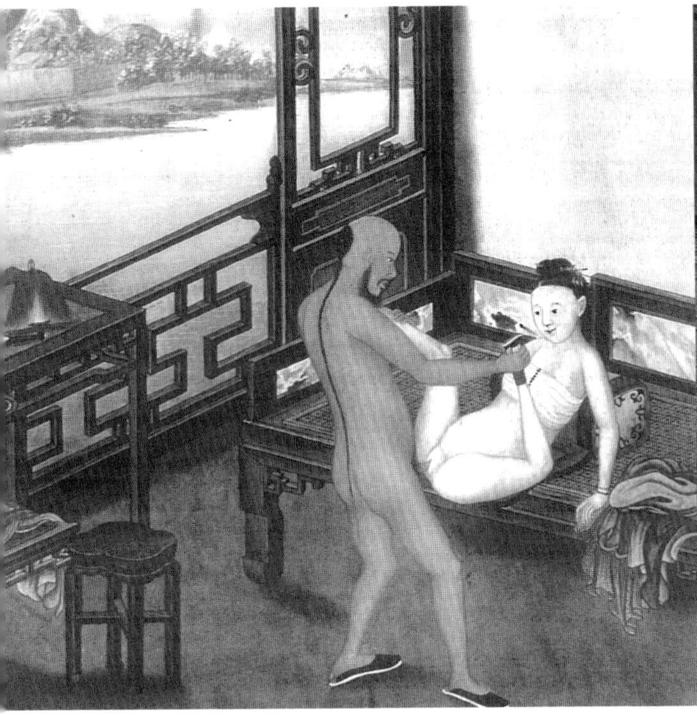

▎左至右：清乾、嘉年間仿郎世寧畫風祕戲圖「老漢推車」之一、之二、之三。

三、老漢推車（三幅）

這是指男子站在或坐或躺的女子面前，或抬或扛起她的雙腿，以性具搗弄對方下體的性姿勢；古時候也稱作「猿搏」、「掮藕」、「順水推船」或「餓馬奔槽」等等。

這個姿勢的特點是一、女子完全被動，任男人操控角度和速度、任男人狎玩嬉弄；二、男子以手或肩分抬起女子雙腿，使她牝戶大張，纖毫畢現，既便於仔細賞玩、又便於深搗花心；三、古時纏足女子的三寸金蓮是女性第一性感帶，此式可邊交歡、邊狎玩捏咬她的小腳。

這三幅「老漢推車」，第一幅在湖畔水榭中的羅漢床上進行，女子雙腳被高高舉起，「推車」之勢明顯。本圖強調男女膚色之對比，女子牝戶無毛，不知是天生白虎還是人為剃淨了，如果女子信奉回教，是有可能依照禮俗將恥毛剃淨的，參看第四講〈晚明崇禎年間的《剃毛圖》〉。

第二幅在室外花園的石凳上進行，男子右手夾舉女子左腿，只推著一條車把；女子左腿抬起，身子不免後仰，便斜靠在一個圓瓷墩上，連帶地使牝戶仰起，方便男陽進出，具見畫家用心之處。

第三幅也在室外一處花園，女子坐在兩珠大樹懸吊的秋千上，任男子扛起雙腿，擺弄吊纜，晃蕩抽送，描繪「秋千淫戲」的春畫在前面第五講中介紹過一幅，本圖是比較切實可行的玩法，讓人想起晚明時流行於安徽桐城的一首山歌：

姐在架上打秋千，
郎在地下把絲牽；
姐把腳兒高翹起，
待郎雙手送進前，
牽引靈魂飛上天。

有關「秋千淫戲」，在下面第二十二講〈晚清王府貴族淫亂春宮畫——嬲戲〉還會再作介紹。

這三幅「老漢推車」的背景都是西洋式的山水風景，房屋建築也是洋化的，花草樹木用西洋油畫的技法繪出，連女子的雙乳也採取西洋審美的標準畫得很豐滿，一般中國春宮畫中的女性乳房是不會如此受到關注、刻意強調的，這些都是欣賞的重點。

四、大鵬展翅（二幅）

女子仰躺，兩腿高舉，向左右兩邊岔開，男子或立或跪俯伏於女子兩腿間的性姿勢，因女子舉起的雙腿如鳳鳥大鵬之雙翼，而有「大鵬展翅」之俗名。此外，它又稱「鳳翔」、「蝗蟲展翅」、「丹穴鳳遊」等別稱。

這個性姿勢與前述「霸王壓頂」近似，差異在於「大鵬展翅」中的女性自舉雙腿，「霸王壓頂」不舉腿；「大鵬展翅」中的男子沒有壓到女性身上，而「霸王壓頂」是壓著搞。

「大鵬展翅」的優點是女性胯間大開，男子用蹲跪或站立之姿，腰股聳動更加輕便快捷，本來一秒抽送三下的，現在可以六下；本來只能連續抽送半分鐘的，現在可以兩分鐘；男女雙方所獲得的性樂就更高更大了。

兩幅「大鵬展翅」在室內，綠衣婦人纏小腳，只露出

▍清乾、嘉年間仿郎世寧畫風祕戲圖「大鵬展翅」之一。

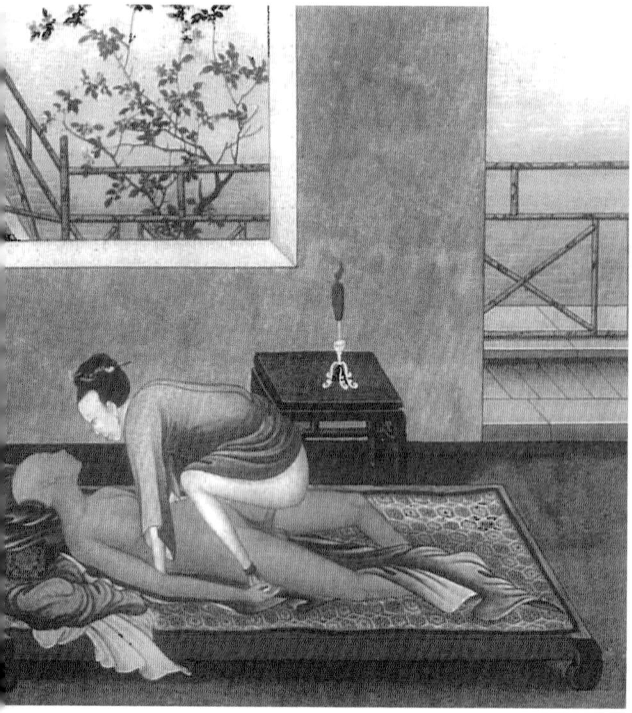

清乾、嘉年間仿郎世寧畫風祕戲圖「大鵬展翅」之二。

陽具的男子是在朝作官的，他的紅頂官帽就掛在牆上的帽架上，似乎是利用午休時間偷溜回家匆匆打一炮，幹完就要走人。在室外的那張，則男女兩人均好整以暇脫得一絲不掛，坐在一輛由灰毛驢拉的車子上兜風，繞著自家的園林四處閒逛，並且在車上玩起「大鵬展翅」來，車子在不平坦的路上行進，會一顛一顛的，就給「驢車行淫」的男女帶來了彷彿今日電動床一般的感受。

光天化日之下脫得一絲不掛的婦女是個不折不扣的旗人，驢車座位的設計似乎也是專為行淫之用，把翹起的兩腳擱在座前的擋板上，就不會痠累了，可以將這個姿勢維持得長久些。

「南船北馬」是句老生常談，說大陸北方人以馬車作交通工具，江南人以船代步，此圖中的驢車也說明了它是描繪大陸北方的風光、這套冊頁是大陸北方的畫家所繪。

五、倒澆蠟燭（四幅）

這個性姿勢屬於女上位，也就是女人跨腿騎坐在仰躺男子的身上，操控著性交的節奏，主動搖晃磨弄、上下套

左至右：清乾、嘉年間仿郎世寧畫風祕戲圖「倒澆蠟燭」之一、之二、之三。

動，以追求性愛之歡。除了「倒澆蠟燭」的俗稱外，這個姿勢又叫作「空翻蝶」、「騎木驢」、「魚接鱗」、「倒插蓮花」、「彩鳳乘龍」、「美女坐釘」等等。

「倒澆蠟燭」的特色是男人以逸待勞，可以一邊欣賞女人的騷態、一邊把玩吮吸她的雙乳，等女人搖累了，自然會俯身貼合，熱情索吻，這時男人再緊摟著她來個大翻身，把她壓到身下繼續玩「霸王壓頂」的招式。

這個冊頁中有四幅都屬於「倒澆蠟燭」，第一幅是全裸天足旗婦跨坐在全裸男子身上，男子則仰躺在前面「三女成姦」圖中出現過的「淫榻」上，背靠圓墩形藤墊。左側長桌上放著摺扇、繡巾、書函、圓缽和一頂官帽，右側盆架上用紅盆盛了一盆水，以備事後洗淨下體之用；圓窗外是西洋式湖山風景。本圖描繪夏日午後退朝回家的官員，與愛妾白晝宣淫的光景；因為上班很累，便要她跨上身來自己玩。

第二圖依舊在湖濱別墅，時間在桃花盛開的春夜，全裸男子仰躺在矮榻上，穿紅色長袖上衣的半裸婦人正蹲跨在男子身上「倒澆蠟」，男子則捧玩她的三寸金蓮，一邊側臉對她說話，像是在誇贊她的小腳纏得又小又好看。

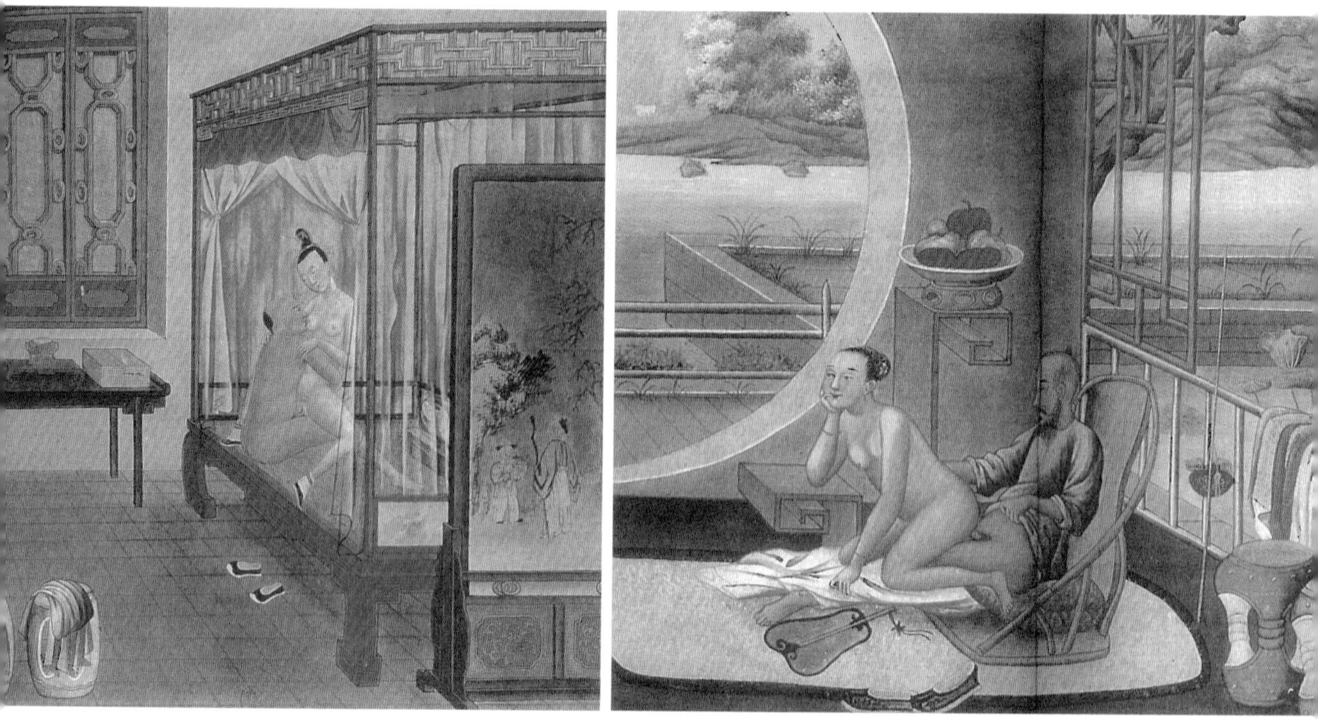

清乾、嘉年間仿郎世寧畫風祕戲圖「果老騎驢」。

第三圖也是在屋內「淫榻」上「倒澆蠟」，旗籍天足婦人忙著跨坐納陽，仰躺的男子卻展開摺扇觀賞，讓一旁的獵犬看了詫異不已，訝問道：「沒興趣玩嗎？那就換我上好了。」

第四圖（缺圖）在家中花園池畔長廊下，擺放了一張紅木束腰外翻馬蹄腿涼榻，男子一絲不掛地仰躺著，讓也是一絲不掛的婦人騎坐上身，一邊套弄著、一邊俯身去親吻男人，這樣的玩法也可以叫作「顛倒陰陽」。

六、果老騎驢

這個性姿勢和「倒澆蠟燭」大致相同，男仰躺、女騎上身，但是改成背對著男人玩。因為民間相傳八仙之一的張果老剪紙成驢，倒騎著出遊，於是這個性愛的姿勢就俗稱「果老騎驢」了——有幾分嘲笑此式中像呆驢般的男子，因為女人漂亮的臉孔、表情的變化和乳房、陰戶都看不到，有什麼好玩的？真呆。

此式在唐朝佚名方士所著《洞玄子》三十法中又稱「背飛鳧」，說此式中的女子像背向飛去的野鴨子。但

左至右：清乾、嘉年間仿郎世寧畫風祕戲圖「吟猿抱樹」之一、之二、之三。

《洞玄子》一書在中國失傳已近千年，「背飛鳧」的講法並不流行。

圖中的半裸中年男子坐在涼軒織毯上的一張無腳靠背藤椅上，天足女子脫得一絲不掛，背向騎坐在男子大腿上，牝牡相合；她右肘支放在類似「淫榻」的木架子上，架子另一邊放了一盤水果。

此時正當三伏暑天，織毯上有一把宮扇，涼軒外荷池正開著荷花，男子所用的長柄旱煙管、繡荷包煙絲袋就倚掛於欄杆上，女子脫下的衣裙也掛於欄杆，一切都描繪得很仔細，只除了木架上放一盤水果，在視覺上有些重心不穩，顯得不合理。

七、吟猿抱樹

這是男子坐於床蓆或椅榻上，女子面向男子跨腿而坐、摟抱交歡的性姿勢，古時候又稱「鶴交頸」、「蜻蜓擺柱」或「歡喜禪」。這仍是女子主動搖股取樂的女上位性姿勢，優點是可以邊交合邊接吻，男子也可以同時用口或手吮玩女子的乳房，因女子歡喜呻吟摟抱男人，如猿猴

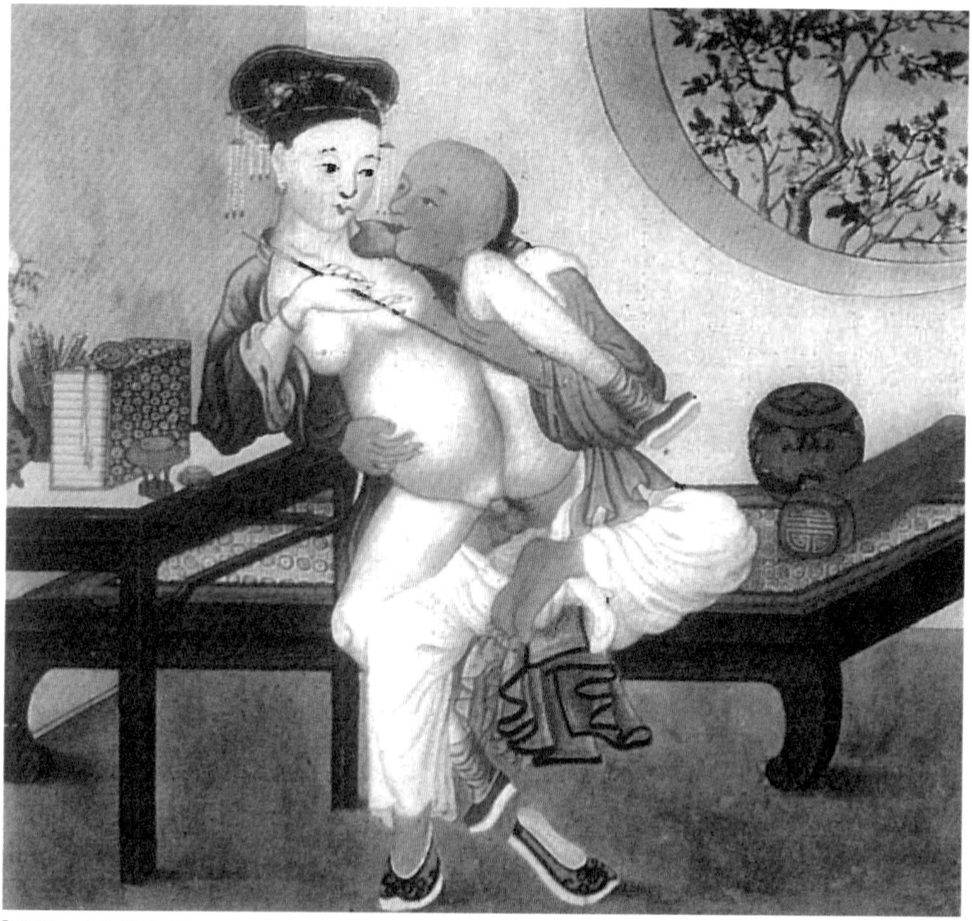

清乾、嘉年間仿郎世寧畫風祕戲圖「歪幫上鞋」。

抱樹一般而得名。

本春冊中有三幅屬於此式，一是秋日在梧桐樹下，兩人坐於蓆上；另兩幅在室內，一坐於床前腳踏板上，一坐於床帳中，男子均吮吻乳房，姿勢略同。

八、歪幫上鞋

與「吟猿抱樹」相似，只不過女人由面向跨坐改為背向跨坐，男人再一手攬其腰、一手抄其腿，使牝戶大張而由側後方搗入。因此式中女人身子傾側，牝戶略歪，男陽插入時彷彿穿歪幫之鞋而得名。

這個性姿勢在唐人《洞玄子》三十法中稱「山羊對樹」，不知是不是形容山羊（女子）用背部磨抵樹幹（男子）的意思。

「歪幫上鞋」宜對鏡而戲，可以清

清乾、嘉年間仿郎世寧畫風祕戲圖「比目魚遊」。

楚看到下體交合的情況和女性面目表情的變化，因為從側後方頂入，可能觸及牝戶內某個隱密的地點（G點），讓女人有意外的刺激，但它也限制了男人腰股之擺動，不能暢意大動，是其缺點。

九、比目魚游

本冊頁最後一張繪男女相擁側臥於戶外蓆枕之上交合，在唐人《洞玄子》一書「三十法」中稱此式為「比目魚」，這個性姿勢讓男女肌膚相貼更親密，也可以邊交合邊接吻，但是性器的擺動不免受到影響而不能靈活自如了，是此姿勢的缺點。

Do藝術3 PE0109

風
——中國古代春宮祕戲圖講

作　　者／殷登國
責任編輯／辛秉學
圖文排版／楊家齊
封面設計／王嵩賀
校　　對／殷登國、辛秉學

發 行 人／宋政坤
出　　版／獨立作家
地址：114 台北市內湖區瑞光路76巷65號1樓
電話：+886-2-2796-3638　傳真：+886-2-2796-1377
服務信箱：service@showwe.com.tw
http://www.bodbooks.com.tw
印　　製／秀威資訊科技股份有限公司
http://www.showwe.com.tw
展售門市／國家書店【松江門市】
地址：104 台北市中山區松江路209號1樓
電話：+886-2-2518-0207　傳真：+886-2-2518-0778
網路訂購／http://www.govbooks.com.tw
法律顧問／毛國樑　律師
總 經 銷／時報文化出版企業股份有限公司
地址：333桃園縣龜山鄉萬壽路2段351號
電話：+886-2-2306-6842

出版日期／2016年8月　BOD一版　**定價**／1000元

|獨立|作家|
Independent Author
寫自己的故事，唱自己的歌

風：中國古代春宮祕戲圖講 / 殷登國著. -- 一版. -- 臺北市：獨立作家, 2016.08
面；　公分. -- (Do藝術；3)
BOD版
ISBN 978-986-93402-1-2(精裝)

1. 情色藝術

544.79　　105012702

國家圖書館出版品預行編目

讀者回函卡

感謝您購買本書，為提升服務品質，請填妥以下資料，將讀者回函卡直接寄回或傳真本公司，收到您的寶貴意見後，我們會收藏記錄及檢討，謝謝！
如您需要了解本公司最新出版書目、購書優惠或企劃活動，歡迎您上網查詢或下載相關資料：http:// www.showwe.com.tw

您購買的書名：________________________________

出生日期：_______年_______月_______日

學歷：□高中（含）以下　□大專　□研究所（含）以上

職業：□製造業　□金融業　□資訊業　□軍警　□傳播業　□自由業
　　　□服務業　□公務員　□教職　□學生　□家管　□其它____

購書地點：□網路書店　□實體書店　□書展　□郵購　□贈閱　□其他

您從何得知本書的消息？
□網路書店　□實體書店　□網路搜尋　□電子報　□書訊　□雜誌
□傳播媒體　□親友推薦　□網站推薦　□部落格　□其他________

您對本書的評價：（請填代號　1.非常滿意　2.滿意　3.尚可　4.再改進）
封面設計____　版面編排____　內容____　文／譯筆____　價格____

讀完書後您覺得：
□很有收穫　□有收穫　□收穫不多　□沒收穫

對我們的建議：________________________________

____

____

____

請貼
郵票

11466
台北市內湖區瑞光路 76 巷 65 號 1 樓
獨立作家讀者服務部 收

（請沿線對折寄回，謝謝！）

姓　　名：____________ 年齡：______ 性別：□女　□男

郵遞區號：□□□□□

地　　址：________________________________

聯絡電話：(日) ______________ (夜) ______________

E-mail：________________________________